ちくま新書

沈黙の中世史

——感情史か

後藤里菜
Goto Rina

1805

沈黙の中世史——感情史から見るヨーロッパ【目次】

凡例

・聖書からの引用は『聖書』聖書協会共同訳、二〇一八年。「引用箇所」『タイトル』章・節とした。

・初出時に注記のない引用は、拙訳（現代語訳版がある場合、それも参考にした）。

・主な一次文献は巻末にまとめた。

はじめに

私は、自分の考えが疑わしいから黙るわけではありません。たしかに私には才能も知識も足りないので、美しくは述べられないかもしれませんけれど。でも、私はもっと、自分を喜ばせることに専念したいのです。

――クリスティーヌ・ド・ピザン『薔薇物語』論争
ピエール・コルへの最後の書簡より

声と音が生活の大部分を占め、音のない言葉がごく例外的な人々の間に限定された時代があった。本書が光を当てる中世ヨーロッパ（西暦でおよそ五〇〇～一五〇〇年）とは、そういう時代である。

中世ヨーロッパにはおおまかに二種類の言葉があった。俗語とラテン語である。

俗語とは、フランス語やドイツ語、イタリア語、スペイン語、英語など、われわれがヨーロッパときいてまず思い浮かべる国々の言語の古いものである。

イタリア語が中世と現代とでもっとも変化が少ないとされるが、そのほかのヨーロッパ諸語でも、現代の言語を学んでいれば、発音してみると、「あぁ、あの単語か」とわかることも多い。

およそ五〇〇年以上も前の世界だと思うと不思議である。こうした俗語は、中世の人々が日常会話として用いた、声の言語である。

他方、ラテン語は学んで身につけるもので、教養ある人々のための言語であった。中世西ヨーロッパで書き言葉といえば、基本的にはラテン語を意味した。

ヨーロッパ全域の共通語であった点で、日本人にとっての英語に近い存在かもしれない。とはいえ日本で英語は、義務教育のカリキュラムに含まれている。だが、そうした教育制度がない中世では、ラテン語は一部の上層階級が独占するものであった。

盛期・後期中世（一二世紀後半以降）になると、都市の発展がめざましく、商業の発達で文字の読み書きを必要とする人が増えて独占状態が緩和される。俗語文学も書かれる。だが、中世の大部分において、文字とは限られた一部の人のためのものであった。

ほとんどの人にとって、言葉は声であった。

†声と音の世界

声と音の世界である中世ヨーロッパは、現代の日本よりもうるさい。中世はもともと、ほとんど農民たちの世界である。

農民たちは、種蒔きから刈り取りまでの円環的な時間のサイクルを繰り返した。他愛ない会話と、重労働である農作業を少しでも楽にすすめるための鼻歌、合間に空気をつんざくような出産の女性の叫び声と新生児の元気な泣き声が聞こえる。

0－1　ジャン・シャルティエの『年代記』より。1435年のアラスの和約がランスで宣言されたときの様子。二人の伝令が馬に乗ってトランペットとともに伝える

生まれてすぐに命を落としてしまうことも珍しくなかったため、夫婦はできるかぎりたくさんの子どもをもうけようとした。だから命の誕生に関わる声はひっきりなしだった。

盛期中世（一二世紀後半・

一三世紀）以降、都市が発展するが、現代ならメールや文書で伝えられる情報も、触れ役が通りを走りながら大声で伝えた。ちょっとした集まりで交わされる噂話の声が、その人への評価を決定した。

「盗人だ！」という声を耳にすれば、地域の治安を守るために住民たちが扉を開けていっせいに集まってきた。

小規模の集団が互いを守るために、声は、自然なコミュニケーション手段であった。それがしだいに規則化し、規約として定められるようになった。声による秩序が規範となれば、「盗人だ！」と名指された人がその場で盗人になりえた。

潔白を証明するためにも、自分のために声を出してくれる人を集める必要があった。見ている人たちの上げる声が判決のゆくえを左右した。裁判の場面を記録した年代記には、周りの人々の反応が描き込まれた。

裁判で発せられた文言を「聞く」人がいたかどうかが重要な証拠となり、声に出されるまではほとんどの書類が意味をなさなかった。おそらくそれが理由で、カスティーリャ王国の裁判所、あるいはより近世に至ってスペインの新大陸植民地の裁判所は、アウディエンキア audiencia（聞くこと）と呼ばれたという。

王のお触れや葬式の公示、戦争の勝利の報せから、収穫に応じて規定されたワインの基本価格まで、共有すべき言葉の情報はすべて、音となって人々の間を駆けめぐった。たとえば葬式の公示では、触れ役は小さな鈴や鐘などの音の出るものを一緒に持ち歩き、鳴らし方いかんでどの程度の身分の人が亡くなったのか、緊急の情報伝達なのか、そうでもないのかといったことを伝えた。

葬送儀礼で鳴らされるべき鈴の音（金属音）があり、国王の通達で鳴らされるべきトランペットの音があった。トランペットと言えば、現代でもスポーツの大会の開会式などで演奏されるイメージがあるが、中世でも権力を高らかに宣言する国王関連の儀礼でこそ鳴らされるべきもので、服喪にかかわる報せにはふさわしくなかった。

0-2 『マリ・ド・ブルゴーニュの時禱書』より。小さな鐘を手に、葬送儀礼に関わるお触れを告げる人

中世都市では統治者による儀式や報せの音声のほか、物売りの声が鳴り響いており、ちょっと虫の居所が悪い主人の怒鳴り声や喧嘩の罵声などは、まったく気にならないくらいであった。

鐘の音が祈りの時間を告げ、都市の市門

の開閉を左右したために、鐘を鳴らす権利を持つ人たちと地域の権力者の系譜が一致した。これほどに中世ヨーロッパとは、声と音に満ちた世界だったのである。

だが、本書は、沈黙と銘打っている。

†聖書の普及

中世で文字を知る限られた階層を占めたのは、修道士や聖職者らキリスト教世界を引っ張っていく人たちであった。

西洋中世は、ほとんどの人がキリスト教徒（現代で言うカトリック教徒）であった時代である。

イベリア半島（現代のスペインやポルトガルにあたる地域）や南イタリアなど、場所によってはイスラームなりユダヤ教徒なりが比較的数多く暮らしていたが、いまの私たちがヨーロッパときいてまず思い浮かべる国々の大部分は、キリスト教をもとに秩序を形成しようとしていた。

キリスト教とはユダヤ教をもとにしたものであり、『旧約聖書』はユダヤ人の経典と内容的には多くが重なる。そのため、神の言葉である聖書はもともとユダヤ人（ヘブライ人）の言語であるヘブライ語や、イエスが話したとされるアラム語で書きしるされた。

古代地中海世界の覇権を握ったローマ帝国のもとにキリスト教が形を成していったために、聖書はやがて、当時の公用語であったギリシア語（コイネーと呼ばれるもので、古代ギリシアで用いられたそれとは厳密には異なる）に訳された。

また、教えが広まるにつれて、聖書を断片的、あるいは全体的に、ローマで通常用いられたラテン語に訳そうとする動きが見られた。

初期キリスト教時代、イエス論（歴史上のイエス・キリストは人間か神かといった論争）や三位一体説、原罪論などキリスト教にかかわる重要な教えを決定し、ギリシア語やラテン語で著作を残した知識人を教父と呼ぶ。

教父のうちのヒエロニムス（三四七頃～四二〇）は、当時ばらばらに存在したラテン語版聖書をギリシア語版聖書と突き合わせて校訂し、ヘブライ語やアラム語により詳しい人たち（ユダヤ人でキリスト教徒となった人たち）の助けを借りながら、ラテン語の聖書の決定版をつくった。

これが『ウルガタ』（vulgata、「普及した（もの）」という意味）と呼ばれるもので、中世で文字の読み書きをする人々がラテン語の読み書きを身につけようとしたのは、ラテン語のこの聖書を読み、解釈するためなのである。

†聖なる言葉

中世の人々はキリスト教徒であったから、身分のいかんを問わず一日のうちに定期的に祈りを唱えた。この祈りは基本的には、聖書にもとづくものなので『ウルガタ』のラテン語であった。

だが、大部分の人はラテン語の読み書きができない。母親や父親、あるいは司祭や説教師から、耳でその言葉をならい、音で繰り返して覚えて唱えた。つまり、音としての、神を讃えるラテン語は、多くの中世人に共有されていた。

庶民の多くはごく簡単な祈り以外はわからなかったし、口に出して唱えていても、内容を理解しているとは限らなかった。だが、聖なるありがたい言葉は、それそのものとして、音で繰り返すことで、救いにつながると信じられた。

キリスト教には秘蹟というものがある。秘蹟とは、洗礼、堅信、聖餐、告解、終油、叙階、婚姻（ただし婚姻が秘蹟となるのは一二世紀頃以降である）の七つで、目に見えない神の御業（恩寵）を目に見えるかたちにする儀式である。中世では秘蹟をとりおこなえるのは、聖職者のみであるとされた。そして聖職者には男性しかなることができなかった。

聖職者が地域の人々に洗礼や告解、終油（死ぬ間際に受ける儀式）などのキリスト教に関わる儀式を授けるわけだが、誰もがキリスト教徒だった世界ならば、彼ら聖職者が必然的にリーダー的な存在となるのは想像に難くない。

多くの人々と常に接し、必要な秘蹟を授ける聖職者たちは在俗聖職者とも呼ばれる。

聖職者の内訳は、助祭、司祭、司教、大司教、そしてローマ教皇で、教皇がもっとも権威が高い、ヒエラルキー状の組織となっている。このヒエラルキーは、キリスト教の布教当初から想定されたものではなく、古代末・中世の社会に適合する形で、キリスト教が変容した結果である。

日常の信仰生活にかかわるリーダーが在俗聖職者であったほか、人里離れた場所で厳しい禁欲のもと集団生活を送り、人々の救いを神に祈る専門家たちもいた。それが修道士や修道女である。

†中世世界のガイドブック

最後に述べたグループの人たち、修道士や修道女の暮らす修道院は、もともと開墾運動のもと森を切り開いて建てられるものなので、喧噪の中世世界から隔たった空間である。神への祈りに専心するため、文字通り沈黙の規範が支配する場所であった。第一章ではその規範と、修道士にとっての沈黙に注目してみたい。

続いて第二章で、王や司教といった、中世世界の上層部の人たちの統治手法に注目する。そこでは声、とくに叫びが重要な役割を果たすのが見てとれるいっぽう、沈黙はいかなる役割を持つのだろうか。

第三章では、中世キリスト教世界の理想的君主に見られる、感情の統御という規範への関心から、その規範の淵源と展開について、服喪の嘆きを手がかりに探ってゆく。規範では理性的で声など荒げない、沈黙が美徳とされる人間像が明らかであるが、その理想像がどこまで実際に存在感を持ったのか検討したい。

第四章では、政治的・社会的にも変化の時代であり、キリスト教教育がより広い社会層に関して問題となった盛期・後期中世に分け入って、声や沈黙という観点から変わるもの、変わらないものについて考える。俗人の声も少しずつ聞こえてくるようになるだろう。

第五章は、第四章までの女性版とでも呼べるもので、中世で沈黙の座に落ち込むことが多かった女性たちに焦点を当てる。基本的に上層の女性からはじまり、転換期である盛期中世に着目する。

第六章では、後期中世にいたって、より活発に声を出すようになった俗人に注目する。いよいよ沈黙に居場所がないようにも思われるが、価値観はそう簡単には消滅しない。大げさなパロディの意味を考えてみたい。

第七章では、中世のキリスト教的規範からは罪とされ、沈黙させられてきた男女の愛に着目する。そして、その規範で女性はイヴに連なる罪深い本性を持つとされてきたわけだが、その価値づけに初めて疑問の声を上げたのが、クリスティーヌ・ド・ピザンであった。彼女はいかなる意味で沈黙を破る人だったのだろうか。

*

本書は、沈黙をとおした中世ヨーロッパをめぐる旅物語でもある。心性史、霊性史、歴史のなかの女性、あるいは感情史などに関心を持ってきた筆者なりの、中世世界のガイドブックである。

中世は一見、輝かしい古代ギリシア・古代ローマと、ルネサンスとの間にはさまれた地味な時代である。だが、本当は色彩ゆたかな世界なのだ。

どうかあなたもいきいきとした色、音、かたちと出会えますように。

第一章

祈りと沈黙

わたしたちは預言者の次の言葉を実践しなければなりません。「わたしは言った。わたしの道を監視し、舌によって過ちを犯さないようにしよう。わたしは口に番人を置いた。わたしは語らず、卑しまれたが、善いことからも口をつぐんだ」

『聖ベネディクトの戒律』六・一、古田暁訳一〇〇〇年頃の司教、ランのアダルベロンは『ロベール王に捧げる歌』で、次のように述べている。

一つと信じられている神の家は三つである。ある者らは祈り、他の者らは戦い、また他の者らは働く。この三つはともに存在するものであり、ばらばらにしてはならない。

祈る人（修道士や聖職者）、戦う人（王や貴族、騎士）、働く人（農民）という中世の三身分説をしめした箇所である。

祈る人と戦う人が支配者層だが、働く人が圧倒的大多数であった。そして、このあとアダルベロンは祈る人の性質の筆頭に沈黙を挙げる。

祈る人には大きく分けて、修道士と在俗聖職者がいた。

修道士は、時代によって変化はあるが、人里離れた修道院で神に祈る生き方をする人たちである。在俗聖職者は、自分の担当する地域の人々に、告解をはじめとするキリスト教の儀式（秘蹟）をほどこす役目を負った。

まずは、より専門的に神への道をきわめた沈黙の人、修道士たちに焦点を当ててみたい。

1　祈り、働く

修道士たちは聖務日課に従って、祈りで区切られる生活をしていた。

聖務日課とは、現代で言う何時にこれをするというスケジュールを、祈りをベースとして定めたものである。旧約聖書の『詩編』に「日に七度あなたを賛美します　あなたの正しい裁きのゆえに」（『詩編』一一九・一六四、聖書協会共同訳、以下同様）とあることに由来する。一般的に、夜中の二時〜二時半頃に起きて、八時半頃（冬は六時半頃）に寝るまで、一日七回祈りを唱えた。

祈りのほか、修道院では労働をおこなった。

古代地中海世界で「労働」は奴隷のおこなうことで、「苦痛」を意味する語から派生した。「閑暇」skhole（school のもとになった言葉）こそが主体的・生産的な時間を意味した。労働をすべての人がおこなう基本的なものとした点で、キリスト教は新しかった。

キリスト教は、労働を楽園追放のさいに人間が負ったものと捉えた（『創世記』三・一七）。アダムとイヴが禁断の実を食べてしまったがために「土は呪われ」、働かねばならなくなったのである。そこで労働といえばまずは土を耕す農業であり、修道院ではパン作りのほか、ワイン作りやビール作りもおこなわれた。

また、修道院は知の保存庫で、図書室にはキリスト教的な著作のみならず、古代の詩や歴史書、哲学書などあらゆる本があった。書物の筆写も大切な日常的労働であった。そして、閑暇や無為は怠惰の源、悪魔のつけ入る隙として警戒された。

労働が原罪のしるしで、つらく苦しいものであることは古代と変わらないが、中世の修道士には、従順と謙遜のもと、すすんで神に奉仕することの中にむしろ自由を見いだす心性がある。

なぜなら、自由とは、なによりも神が持つ性質であり、人間は神の似姿として創られたものだからである。また、理性は神が付与した、神に似た性質の最たるものであった。

神への自発的ですばやい奉仕に身を投じるのが修道士たちで、それは心身の沈黙した服従であった。

1-1　写本の筆写という手仕事をおこなう修道士

1-2　ベネディクト。フラ・アンジェリコによるフレスコ画（15世紀）

†東方と西方

西方世界で修道士の父とされるのは、聖ベネディクト（四八〇頃～五四七）である。五二九年頃、イタリアのモンテ・カッシーノに修道院をつくった。

ベネディクトは、東方世界由来の厳格な戒律であるカッシアヌス（三六〇頃～四三五頃）の『師の戒律』と、アウグスティヌス（三五四～四三〇）が定めたよりゆるやかな戒律との両方に依拠しながら、西方世界なりの、共同体としての修道院のありかたを模索し、戒律を定めた。

東方と西方とは、古代ローマ帝国が分裂したときの東側地域と西側地域、ということである。キリスト教が許容され国教となったのちに、ローマ帝国は東西に分裂した。東方では東ローマ皇帝（ビザンツ皇帝）の統治が一四五三年までつづいた。イスラームとの接触はあるが、全体として当初のキリスト教のありかたを保存する度合いが高い。

キリスト教といえば、罪の告解と贖罪意識が思い浮かぶかもしれないが、歴史上のイエスにはその意識は希薄である。東方キリスト教でも、原罪により人間の本性が完全に穢《けが》れたとは考えず、神の似姿としての人間の性質に向き合うことで神を見いだそうとする。

　他方で、原罪はイヴに由来し、出産の苦しみとは原罪のしるしであると明確にみなしたのは、アウグスティヌスである。アウグスティヌスはラテン教父で、その著作は西方の神学者、修道士がたびたび参照する権威となった。

　ローマ帝国の東西分裂後、西方世界にはゲルマン人をはじめとする非キリスト教徒の異民族が流入したため、対応に追われ、古代ローマの文化遺産も散逸する。農業やワイン作りなど古代にあった技術が農地の放置によって後退したことが、発掘跡からたいした農業用具が出てこないことからわかる。また、文字を持たない異民族にキリスト教を布教する必要があったため、偶像崇拝として禁止されたはずの図像も用いながら教えを伝えた。

　西ローマ皇帝はゲルマン人の傭兵によって早々に廃位されてしまったため、社会の秩序形成とキリスト教の教会組織の整備が同時並行でおこなわれた。

　西方では、キリスト教は社会に埋め込まれており、過度に厳しい戒律はそぐわなかった。こうした西方の状況をふまえ、七世紀から一三世紀まで、広く共有され、特権的な地位を占めたより柔軟な戒律が、ベネディクトの『戒律』なのである。

†神の前の沈黙

ベネディクトの『戒律』の序文は、次のように始まる。

子よ、心の耳を傾け、師の教えを謹《つつし》んで聴きなさい。そして慈しみ深いあなたの父の勧告を喜んで受けいれ、これを積極的に実行に移しなさい。

（『聖ベネディクトの戒律』序・一、古田暁訳、以下『戒律』）

まずは沈黙し、聴くことから始まるのである。だが、たんに黙っているのではなく、「心の耳」を澄ます必要がある。それは、自らの意志を捨てて、主キリストへの「服従の労役」に心身を尽くすことだという。

神の声にかかわる複数の箇所を聖書から引用しながらベネディクトは、「主は、このような言葉で民衆に声をかけられ、そのうちに主の労務者を求め、また叫ばれます」（序・一四）と述べる。

主なる神の声を聞いて「わたしです」と答えることで、神が救いの道を教えてくれる。

真実で、永遠の生命を欲するならば、「悪言をつつしみ、虚言を口にしてはならない。悪を避けて善をおこない、平和を尋ね、これを追い求めなさい」。

（一・一七）

もしそうしたならば、わたしの目はあなたを見、私の耳はあなたの祈りを聞き、あなたが叫ぶ前に、「見なさい、わたしはここにいる」とあなたに言うであろう。

（一・一八）

神を見つめ、神に向かって祈り、助けを求めるのが人間だが、あるとき、神がすべてを見ていることへの気づきがある。「見なさい、わたしはここにいる」という声に、「この言葉ほど甘美なもの」があろうかという。

神の声を聞き逃さない生き方、神に服従し善と平和をおこなう生き方の全体は、心身をつくした沈黙である。神への沈黙とは、信仰の基本姿勢そのものなのである。

†言葉の力

『戒律』の第四章では、「心を尽くし、霊を尽くし、力を尽くして主である神を愛すること」をはじめ、隣人愛や、十戒が語られてゆく。偽って平和の挨拶をしてはならないとか、偽って誓うことのないように、誓いそのものをたてるべきではないと述べられる。

キリスト教では「光あれ」など、言葉で世界を創ったのが神であり、子イエスそのものが、父なる神の御言葉である。

声となる言葉に力を見出す教えであるぶん、声の使用に慎重なのである。不平や誹謗中傷を言わないことや、「悪い、有害な話は慎むこと」、「饒舌《じょうぜつ》を愛さないこと」、「無駄口あるいは笑いを誘う言葉は口にしないこと」「口争いを好まないこと」といった文言がたたみかけられる。

『戒律』では、笑いの禁止が幾度も繰り返される。少し古い映画だが、ウンベルト・エーコ原作の『薔薇の名前』（ジャン゠ジャック・アノー監督、一九八七年公開）が思い浮かぶ。修道院の図書室にこっそり所蔵されたいわくつきの書物は、笑いに関わる著作ではなかったか――禁止されればされるほど、興味をそそられるのが人間である。知の守り人としての修道士の雰囲気がわかる名作である。

†謙遜の諸段階

第六章で沈黙の精神について直接語られる。本章冒頭に引用した箇所につづき、「時にはよい言葉でさえも沈黙の精神から控えねばならない」ので、悪い言葉を口に出すことはいっそう避けるべきだという。

さらに、第七章では、天の頂きに至るための「梯子」を謙遜というへりくだる行為によってこそ上ること、すなわち謙遜の諸段階が説明される。その段階の最後のほうに声と沈黙が出てくる。

謙遜の第九段階は、修道士が口を閉ざし、尋ねられるまでは沈黙の精神を保ち、話さないことです。聖書は、「口数が多ければ罪を避けることはできない」と言い、また「多弁な者はあてどなくこの地をさまように等しい」ことを示しています。
謙遜の第十段階は、修道士が軽々しく、すぐさま笑わないことです。聖書に、「愚か者は声をあげて笑う」とあります。

（『戒律』七・五六〜五九）

第一一段階で、修道士は「穏やかに、笑わず、厳粛で謙虚に、言葉少なく、道理に適った話し方をし、また大声をあげないこと」と述べられる。そして、最後の第一二段階で、「心のうちだけではなく、姿勢においてもつねに謙虚さを示す」として、頭を下げてへりくだる様子が述べられる。

謙遜を内的にきわめたときにそれが姿勢に溢れ出ると考えるのであり、魂の修養が完成している者こそ見た目も完成するのである。このとき神の愛に到達し、それまでは神への畏《おそ》れから守ってきたことを、ごく自然におこなえるようになるという。

へりくだり、神の意志以外をすべて消すことで、神と合一するに至る過程を語るとき、ほぼ完成に近い段階に、沈黙の精神と声の制御、笑いの禁止が出てくるのである。『戒律』のここまでの箇所は、東方の厳格な戒律をなぞっており、東西で理想を共有している。

†祈りの日課と修道院長の目

一六章以降で具体的な聖務日課の規定が語られる。ベネディクトは、「一週間のうちに全詩編と慣例の詠頌《えいしょう》とを唱えられない修道士は、このうえもなく怠慢で、神に対する奉仕にあまりにも熱心さが欠けていると考えなければなりません」（一八・二四）と述べ、一週間で一五〇篇の『詩編』をすべて唱えることを定めた。

これは、東方の砂漠の師父たちがより克己的・禁欲的で、一日でそれらを全部唱えたとされることに対し、そこまではしなくてもよいと留保したうえでの決めごとである。

このように、ある程度柔軟で、中には心身の弱い修道士もいるだろうから、無理はさせないようにとする配慮が行き届いているのが、ベネディクトの『戒律』なのである。

たまたま心身が強くても、神の賜物ゆえなので奢《おご》ることのないようにと、ふさわしいだけの仕事量を与え、弱い者には少し肉を多く食べることも酒を多く飲むことも許す。

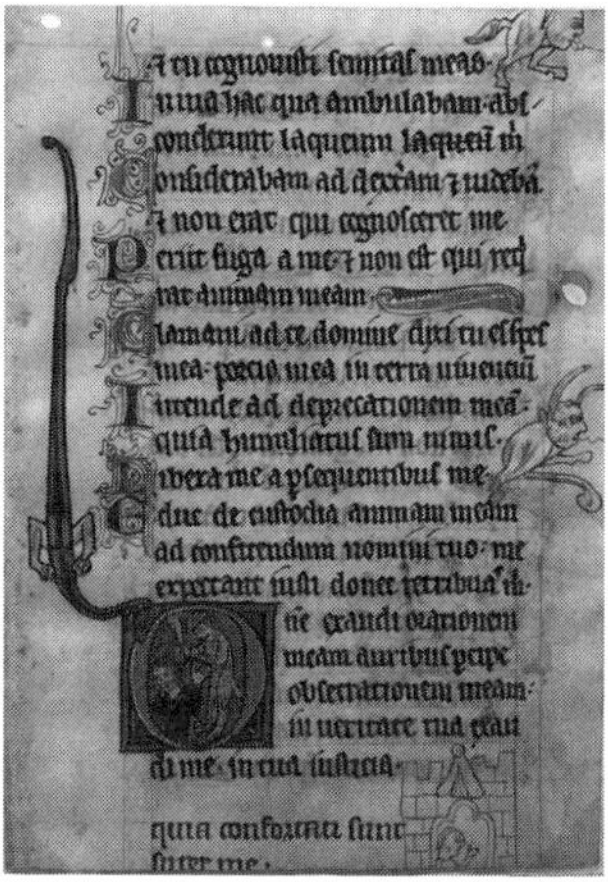

1－3　『詩編唱集』ベルギー、1250～1300年頃。右上と右中央に悪魔らしきもの。怠惰や睡魔は悪魔のせいにされた

ベネディクトのこの精神性は、「よき識別の目（discretio）」と呼ばれるもので、それぞれの人に、神によっていかなる賜物が与えられているのかをよく見て、神へのふさわしい奉仕の仕方を適切に割り振ることのできる判断力のことをさす。

これは西方の、社会とともにあるキリスト教が見出した最良のもののひとつかもしれない。この判断力を修道院長の資質の念頭に置きつつ、『戒律』は修道院長への厳格な服従を説くのである。

†食事と朗読

祈りを定期的に唱えるほか、共同で食事をとるさいには書物の朗読が必須とされた。朗読を担当する修道士はあらかじめ決められ、一週間にわたってその任務を全うする。朗読をはじめるさいに、「主よ、わたしの口を開いてください。そうすれば、わたしの口はあなたを賛美するでしょう」（三八・三）と『詩編』（五一・一七）の言葉を唱える。賛美のよき言葉でさえも、口を開いてくれるのは神なのである。

また、朗読担当の修道士以外は沈黙を守るべきで、「飲みまた食べる際に、必要な物は互いに手渡し、何ものも口頭で求める必要のないように」（三八・六）という。

それでも何か必要ならば、「声を出すよりは、何らかの音を出して合図を」（三八・七）して求めるように、との箇所に、文字通りの沈黙の尊重が窺われる。ほんの一言が私語や無駄口、そして罪につながると危惧されているのである。

†沈黙で夜を守る

このほか、絶対に沈黙を守るべき時間帯というものがあり、「修道士はいついかなる時も沈黙を守るように心掛けるべきですが、とりわけ夜間にはそのように努めるべきです」（四二・一）という。

一日七度の祈りの最後のものである終課が唱えられたのちは、「外に出て来たら、それ以降誰にもまたいかなることについても、話す許可は与えられません」。「もしこの沈黙の規則を破る者がいたならば、厳罰に処します」（四二・八〜九）と述べられる。

中世の夜は暗く、死者も悪霊も跋扈《ばっこ》する時間帯で、だからこそより克己的な修道士は一睡もせず徹夜の祈りに身を投じるのである。口を開くことは日中ですらあれこれ制限されていたため、夜中はいっそう厳重に禁止された。

ただし、沈黙を守りながら寝床で休むとき、「一人読書をしたい者がいるならば、他の者の邪魔にならないように」(四八・五) 読書をすること、と述べられているため、読書ならば、夜の沈黙の時間に多少侵食するのも許されたことがわかる。

読書は現代ならば黙読だが、中世では心身を使う行為である。クリュニー修道院長のペトルス・ウェネラビリス(一〇九二/九四~一一五六)は、風邪のときに公の場で語れなかっただけではなく、読書もできなかったと述べている。修道院でおこなわれる「聖なる読書」は、瞑想に近いもの、その準備でもあり、やはり身体全体を集中させる必要があった。

夜は真っ暗なのでもともと夜に目が覚めて用を足しにいく際の声は許されたのだが、『戒律』で朝まで灯りをともしておくことが定められたため (二二・四)、夜の間の静寂がより絶対的なものとなり、破ることには厳しい罰が処されるようになった。

以上のように、ベネディクトの『戒律』は明快かつ柔軟であったことから、西方の修道士たちの規範となった。

†語るという罪過

西方の修道院では、ベネディクトの『戒律』が基本とされたほか、それぞれの修道院で慣習律が定められた。とくに厳しい規則のもとに生活したことで知られるのがラ・グランド・シャルトルーズ修道院である。

受け入れる人数もごくわずかで、個室での生活が基本であった。食事すらも食堂ではなく個々の部屋でとった。その雰囲気は、ドキュメンタリー映画の傑作『大いなる沈黙へグランド・シャルトルーズ修道院』（フィリップ・グレーニング監督、二〇〇五年製作）に収められている。

ラ・グランド・シャルトルーズ修道院では、慣習律のなかに次のような記述がある。

> 孤独の生活を営むわれわれは、共住修道士たちの手話をほとんど知らないか、ほんの少ししかできない。語るという罪過に関わるのは舌だけで十分で、他の肢体を巻き込みたくないと思うからである。（三三章）

つまり、声を出していなくとも、身ぶりで何かを伝えることは言語行為となり、嘘や偽りの誓いという罪につながりうるものだから忌避されているのである。

手話はこのようにラ・グランド・シャルトルーズ修道院では批判されているが、沈黙を重視する修道院で広く発展したことでも知られる。

魚は断食期間にも食すことができ、修道士にとっての重要なタンパク源であったため、厨房係（特別な仕事が与えられた修道士以外、全員が交代で担当した）がやりとりした手話には魚の種類が豊富であった。

クリュニー修道院の『修道院慣習規定書』（一一世紀後半）によれば、次のようになっている。

①魚　片方の手で泳ぐ魚の尾びれの真似をする
②イカ　すべての指を開いて、いっせいに動かす
③ウナギ　両手を閉じて、人がウナギを握る真似をする
④サケ、チョウザメ　①に加え、親指を立てた握りこぶしを顎につける
⑤カワカマス　①のサイン に、速度をあらわすサインを加える

こうした合図を送りながら、しんとした沈黙の中、神の声を聞き逃さないようにし、日々祈りを唱えたのが修道士たちであった。

2　クリュニー修道院の叫び

ベネディクトの『戒律』がモットーとした「祈り、働け」のうち「祈り」に重点を置き、自分たちこそがほかの人たちの死後の魂のための祈りもすべて請け負うと中世で初めておっぴらに宣言したのは、クリュニー修道院の修道士たちであった。

†祈りを中心にすえた生活

偽ディオニュシオスの『天上位階論』を用いてその考えをすすめたのが、クリュニー修道院の第二代修道院長オド（オドン）であった。

キリスト教では、天体や植物をふくめ、この世のすべてのものを創造主がつくったと考えるが、この被造物には、階層秩序がある。『天上位階論』はとくに天使の秩序を述べており、天使に階層があるのならば、人間にもあってしかるべきだとオドは議論を展開してゆく。

そして、下の階層にいる人間たちの救いのためには、天使に近い位置にいる自分たち修道士こそが祈りをおこなうのにふさわしい、ということになる。

　一種のエリート意識と言えるもので、それぞれの地域の権力者にうまく取り入りながら、クリュニー修道院は一一・一二世紀、ヨーロッパ中に網の目のように広がった。

　死後の魂のための祈りという任務を、信頼し寄進してくれた人に対してもれなくおこなわなくてはならないため、クリュニー修道院では、祈りの典礼にかける時間と体力は増大し、手仕事に割く時間は少なくなった。

　寄進で集められた共有財産としての金銭は、祈りのための体力の温存を名目とした、より豪華な食事や衣服にあてられるようになる。傍目には、富裕な生き方への欲に染まり堕落するようにも見え、批判の声が上がるのは時間の問題であった。

1－4　左から順に、クリュニー修道院長ユーグ、ハインリヒ四世、トスカナ女伯マティルデ。「カノッサの屈辱」で知られる

だが、質素な食事ばかりでは増え続ける祈りのノルマを達成できるだけの体力など、とうてい養われ得なかったのではないだろうか。

†誓願としての叫び

さて、クリュニー修道院で荘厳になっていった祈りの儀式のうち、沈黙があらためて重要な役割を果たすものもあった。一一・一二世紀におこなわれた典礼に準ずる儀式「叫び」clamorである。

沈黙が必ずしも音声を発していないことのみを示すわけではなく、神の前の適切な心身のありようを表したのとおなじく、「叫び」も、いわゆる大声や悲鳴のみをしめしたわけではない。「叫びをおこなう」facere clamoremという表現は、古代末期のゲルマン世界において「誓願をおこなう」ということを意味した。

むろん、誓願のさいには、権力者に対して公衆の面前で、不当なことをされたことについて宣言し訴えたため、じっさい大声を出したわけである。だが、大声であることよりも、力なき者が力を持つ者に訴えかける構造を叫びと呼んだ。

このゲルマン人の風習を受け継ぎ、中世でも「叫び」clamorは、力を持たない者が権力者に状況の改善を期待して助けを求める「訴え」「要求」の意味を持った。これが修道院でも踏襲される。

歴史上のイエス・キリストはみずからを病人や貧者といった弱き者・小さき者と同一視し、古代ヘブライ社会において律法を守れないがゆえに蔑視されていた彼らと、積極的に食事をともにしながら神の愛を説いていった。

修道士たちは誰よりもキリストにならう人たちであったため、自らを弱き者・小さき者とする自覚が強い。そのため、力なき者が権力者に訴える構図の儀式は修道士によくなじみ、クリュニー修道院では、「叫び」clamorと呼ばれる、神に助けを求める典礼的儀式が発展したのである。

また、西方世界の修道院は、しばしば在地の貴族の財産の保存場所となることで発展した。その半面、当地の権力争い（土地の譲渡、相続をめぐる争い）に巻き込まれることが多々あった。

争いのさい、中世では自力救済、つまりは戦いで決着をつけることもままありえたが、修道士は建前では武器を手に取ることができない。戦えない非力な存在であったためにいっそう、神に助けを求める儀式を発展させる必要があったのである。

†叫びの儀式

儀式「叫び」は、九世紀終わりまでにはすでに存在し、一〇〇〇年頃からより長い定式文を伴うものが慣習律の中に出てくる。細かなあらましには地域差があるが、基本的な流れは次のとおりである。

まず、修道士たちが罰として着る苦行衣に用いる粗末な布が、床あるいは階段に広げられる。

そして、そこに磔刑像や福音書および、その修道院が所有する聖遺物を並べる。中世では空間認識がそのまま天への意識と結びつけられているため、聖堂の高い場所にこそ聖人や聖母マリア、イエス・キリストの彫像――たとえばアーモンド形の光輪マンドルラにおさめられた聖なる肖像――が彫られる。

つまり、本来祭壇の上に置かれたり掲げられてしかるべき聖遺物が階段や床のようなより低い場所に並べられるところには、謙遜の意味がこめられているのである。

福音書や聖遺物を並べたあと、修道士たちも身を低めて平伏する。

そして、詩編を唱えるのだが、このときに「沈黙して」sub silentio という言葉が添え

1－5　ノートルダム・ラ・グランド教会（ポワティエ）。中央のもっとも高い部分、楕円形で囲まれた箇所にイエス・キリストがいる

られている。

祈りを唱えるので声は発しているはずだが、神に対してしかるべき姿勢をととのえている意味で、沈黙という言葉が用いられているのである。

その後、儀式の後半では、聖別されたばかりの聖体と聖血、さきほど並べた聖遺物を手に取って大声で叫びをとなえる。

そして財産を不当に横取りするなどして、修道院の秩序を乱した者が、呪われますようになどと神に叫ぶのである。呪うとは、救いの外に置かれるとの意味合いである。

叫び clamor という言葉は、音声を伴う叫びと神への心からの懇願の両方を表している。

トゥールの聖マルティヌスの教会の同儀式の叙述の中では、このときに鐘が鳴らされて歌が高らかに歌われる、とあるため、後半部は声と音を伴いながら神への訴えがクライマックスを迎えることが伝わる。

なお、この儀式「叫び」は、弱い者が強い者に懇願する形、としての読み方のほか、罰を受ける者が罪を償う形、としての読み方もできる。

修道士が聖遺物を罰として着る苦行衣の布に置き、自らも平伏するのは、聖人とともに自らもまた、罰を贖《あがな》おうとしているともいえる。修道院の平和が乱されてこの儀式をおこなっているが、修道士も聖人もそれ以外の一般信徒より神により近い位置で、平和を守る使命を持つはずなのに、それができていないということになるからである。そこでその罪を贖う儀式でもって、平和の回復を願う。

日常でも、戒律に違反する罪を犯した修道士は似た身ぶりをおこなった。すなわち、祈禱所でほかの人が聖務日課を終えて出てくるのにあわせて、「その入り口で無言のまま平伏し、顔を地面につけ」(『戒律』四四・一〜二)、修道院長がよいと判断するまでその姿勢を取り続けたのである。その後、修道院長の命令で初めて「歌隊の、それも修道院長の指示した順位の席に」戻ることができた。

前半の平伏と沈黙、音のない身ぶりでの贖いから、後半の歌で神の定めた秩序へ呼び戻されていると、儀式「叫び」と重ねて解釈できる。

いずれの解釈にせよ、叫びと沈黙は、修道士の神への姿勢をしめすコインの裏表であることがわかる。

3　シトー会の『修練者の鏡』

人々の救いを請け負って日々おこなう祈りを増やし、壮麗な典礼的儀式をおこなったクリュニー修道院に対し、規定以上の祈りを制限したのがシトー会であった。

シトー会は、日常の業務の手助けをする助修士という役職を正式に作ることで、祈りと手仕事にバランスよく打ち込み、ベネディクトの理想をあらためて実践しようとした。

彼らは沈黙についてはどう捉えたのだろうか。

†入門の手引き

中世において、修道士となるには、一般に、見習いの期間が必要であった。それが修練士（修練者）と呼ばれる段階である。女性は満一二歳、男性なら満一四歳で成人とされたため、それ以上ならば修練士になることができた。

イングランドのシトー会には修練士に向けた手引書が残っている。『修練者の鏡』というもので、シトー会への入会を志した若者がぶつかるであろう困難への対策がいろいろと述べられている。作者はイングランドのシトー会士ソーリのスティーヴンまたはレクシントンのスティーヴンと考えられている。

ここでは沈黙や声、祈りにかかわる箇所に注目して見てみたい。第三章には、聖務日課の心得が書かれている。

宵課のために起きるときには、（神を）崇める準備をしなさい。つまり、素早く起き上がって、眠気が覚めたら、良い休息を与えて天使によって護ってくださった神の恩寵に感謝しなさい。

（馬場幸栄訳、以下同）

初心者向けであるため、指示が具体的で親切であり、「聖母の時禱《じとう》は余暇や時間のあるときに礼拝堂で言いなさい」とつづく。
そのまま礼拝堂に足を向け、着いたら「扉に手をあてて」唱えるべき言葉や、交唱のやり方が書かれている。
そして、朝課の交唱で用いられる聖書の箇所が指示される。

「神よ、私を助けに来てください」という冒頭の言葉が朗唱されたら、主なる神の御前にあなたの心を水のように溢れさせなさい。そして、心のなかで「主よ、私は弱く、口を開くことができません（『哀歌』二・九）。いと高きところにあるあなたの手で私の口に触れてください（『詩編』一四四・七）。私の魂は宴のご馳走で満たされるでしょう（『詩編』六三・六）。そして、私の口はあなたの賛美と、日々のあなたの栄光とで満ちることでしょう（『詩編』七一・八）」と唱えなさい。

神への賛美すら、口を開かせるのは神であり、ベネディクトの述べた修道士像と重なる。「宴のご馳走」とは、神を賛美すると同時に心身が満たされる感覚をしめす。つまり、声だけの祈りではないのである。

†人間イエスへの敬心

一二世紀頃には、人間の罪を贖ってくれた慈悲深いイエス・キリストのイメージがより注目されるようになった。シトー会はその霊性を牽引《けんいん》した。

この手引きにも人間イエスへの敬心を反映した箇所がある。

謙虚な心を引き出すためには、主の御姿を思い描いて、主があなたの目の前にある飼い葉桶に横たわっているところを想像しなさい。

悔恨の情を抱くためには、主が十字架の上に磔《はりつ》けられているところを思い描きなさい。釘と棘と唾と大きく開いた傷口のために、悲しみ、感謝しなさい。つぎに、（主の）あらゆる知恵と知識が宿っておられる聖なる主の御心を、心のなかで仰ぎ見なさい。それから、（主の）肩甲骨と十字架の間にあなたの頭を置いて、（主を）残忍に切り刻んだ傷口にくちづけし、（……）

このように聖なるものをイメージして、感情を喚起しながら祈りをおこなうことを黙想という。

黙想の訓練を積み重ねることで、具体的な感情・感覚イメージの助けなしに、神から魂が霊的に引き上げられる観想に至ることが可能になる、と当時の修道院では考えられていた。

沈黙した状態でおこなう修道士らしい営みが、黙想そして観想だが、容易なものではない。初心者に向けて、より高度な祈りに到達するための順序をわかりやすく示した手引きであることがよく伝わる。

†適切な休み方

シトー会は、必要以上の祈りを唱えることを禁止し、手仕事にもほどよく時間を割いた。手仕事に関する箇所ではさらに、適切な休み方について述べられている。


手仕事の休憩時間中は、人目が届かない所に行ったり、他の者から離れて座ったりせず、信仰篤い人々を見つめ、イエスとともに教師たちのなかに座り、永遠の休息について静かに考えなさい。

（第一一章）

休憩のときに無駄話などせず黙って休むのは当然のことだが、その沈黙のときに何を見て何を考えるべきかまでが書かれているのである。

あるとき私たちの兄弟のひとりが、休憩中の他の者たちから遠く離れて一人で座っていたところ、肉の衝動に激しく襲われ始め、「城塞へ行け」という声を聞いた。そして、他の者たちがいるところに来たら、その衝動は消失した。（第一一章）

「城塞」は修道士たちの共同体をしめし、「肉の衝動」carnis stimulisとは、肉欲をさす。自分の仲間や先輩の修道士が目に入らないところで一人で休むと、よけいな感情や考えに襲われるとする戒めである。

心が神に向かう沈黙の姿勢から離れることをいかに避けるべきか、教えてくれているのである。

†悪魔を去らせる声

神を思い祈っているときに、悪しき考えが頭によぎったとする。それは悪魔のしわざと考えられ、ただちに去らせる言葉を発するべきであるとすすめられる。

あなたの心が楽園の門の前でこのように高鳴っているときに、もし悪い考えが割りこんできたら、すぐにこう言って返しなさい。「これは誰の肖像と銘か」と。それは皇帝、すなわちこの世の王子、悪魔のものです、という声を聞いたら、とどめにこう言いなさい。「悪しき者よ、この金は、お前と一緒に滅びてしまうがよい（『使徒言行録』八・二〇）。サタン、引き下がれ（『マルコによる福音書』八・三三）。（……）」

これらのことを無意味でくだらないと思うのは愚か者だけです。（第一七章）

祈りの決まり文句にも読めるが、この通りに口に出すことで誘惑に足を引っ張られずにすむとする実践的な知恵なのである。「サタン、引き下がれ」などの言葉は福音書のイエスにならっており、イエスはその場面でたしかに声に出してそう言ったはずである。

沈黙の姿勢で唱える祈りや、歌へと連なる賛美が主要である修道院世界で、質の異なる声が、悪魔に対してこそ発せられるのである。

修道士にとって、悪魔とは、心身を神に向ける「沈黙」を邪魔する、あらゆる欲や思念をもたらす存在のことである。

要するには、人間としての欲や感情に負けそうなとき、すべてを悪魔の仕業としたということだが、それを追い払うさい、まさにイエスが悪魔を追い払うときの声を模倣したのである。

悪魔を追い払うための、イエスにならった言葉を口に出すことは、外からみれば沈黙を破る行為であるが、神のほうに心を向ける「沈黙」を守る行為とみなせるのではないだろうか。

＊

「祈る人」にとって、沈黙とは、神に心身を集中させることであった。

そして声は、自分にとって、あるいは修道院世界という空間全体にとって、その沈黙をつくりだすことに寄与するかぎりにおいて、必要なものとされた。

いやむしろ、そのようなものとして、すべての声が方向づけられたと言うべきかもしれない。神の声であるところの聖書の言葉は、その声の筆頭だったのである。

第二章

統治の声の狭間で

私がこう言っているのに、彼らは皆黙っていた。しかし、彼らが黙っているので私はつけ加えた。

司教の皆様よ、預言者の言葉を思い出してください。それはこう言っています。「監視人が人の不正を見たのに何も言わないでいるならば、彼は魂が失われることに責任を負わなければならないだろう」。それゆえ黙っていないで、王に何か悪いことが起きないように、またあなたがたが王の魂について責任を負わされないように、説教して王の目の前に王の罪を示してください。

『歴史十書』第五巻、一八

中世は封建社会である。

封建制度とは、土地を媒介とした主従関係である。日本の武士とは異なり、ヨーロッパでは主人を複数持ってもかまわなかったし、双務的関係としての性格が強かった。王とは言えど、地域の領主とほとんど変わらない程度の権力・権威しか持たないところから始まるのが、この時代である。

王でも教会でも修道院でも、土地を持てば領主であった。

キリスト教が社会とともにある西洋中世では、キリスト教の組織と世俗の政治制度が、権威の確立のために持ちつ持たれつで発展した。

在俗聖職者と呼ばれる人たちは、洗礼や告解といった秘蹟をほどこし、地域ごとのリーダー（教区司祭）として役割を果たした。すなわち神の恩寵を露わにする儀式に関わる意味では祈る人だが、世俗社会に浸り、王とともに権力者層を形成した。修道士たちは、基本的には俗人（秘蹟をほどこす聖職者以外のすべての人々を指す）だったので、修道院も教区司祭の統治下に置かれていた。

本章では、権力者の統治の声と狭間の沈黙に焦点を当ててみたい。

1　世界年代記

人間はずっと昔から、自分が生まれる前の世界に関心を持ってきた。

歴史書の歴史は、古代にまでさかのぼる。「歴史の父」とされるヘロドトスで有名な古代ギリシアにつづき、古代ローマにもその伝統は引き継がれた。だが、古代ローマでは、事実の集積である歴史学よりも、修辞学、すなわち、事実をふくめた物事を「いかに語るか」への関心が強かった。

弁論術はながらく、ローマ人にとっての教養の重要な一部であった。帝政期には、弁論術が表面的な言葉遊びに終始した空疎なものになったことへの批判がみられるが、批判されて話題になるほどに、語り方そのものへの関心が強かったのである。

中世ヨーロッパのキリスト教徒はどうだろうか。

キリスト教はその多くをユダヤ教に負っている。民の歴史を神の意図と結びつけて考えてきたユダヤ教徒たち（ヘブライ人たち）にとって、歴史は信仰世界と切迫して結びついていた。神がつくりし世界の歴史をいまの自分にふくめて捉える感覚は、キリスト教にもそのまま受けつがれた。

キリスト教徒は、世界の創造から終末、最後の審判からイエスの再臨へと続く、直線的で不可逆な歴史観を持っていた。

キリスト教の正統の教えをつくった初期教父たち、エウセビオス（二六三頃～三三九）やヒエロニムス（三四七頃～四二〇）らが、「世界年代記」とよばれる形式を編み出していった。

2－1　『最後の審判』イングランド、1300-25頃。右手をあげているのがイエス（右上）。写本装飾

年代記自体は古代ローマから存在したが、それはローマ人が二次的にしか関心を寄せなかった「出来事の集積物」としての歴史書であった。

世界年代記も、年代記の仕方で出来事の移り変わりを記述するが、キリスト教的な時間観念のもとに、天地創造から同時代までを一挙に書き留めたものである。気が遠くなるような試みだが、歴史記述は、神を求める仕方のひとつだったのである。

2 『歴史十書』

世界年代記に分類されるもののうち、古代から中世の過渡期に位置し、初期中世の様子を伝えてくれる貴重な史料に、トゥール司教グレゴリウスの『歴史十書』がある

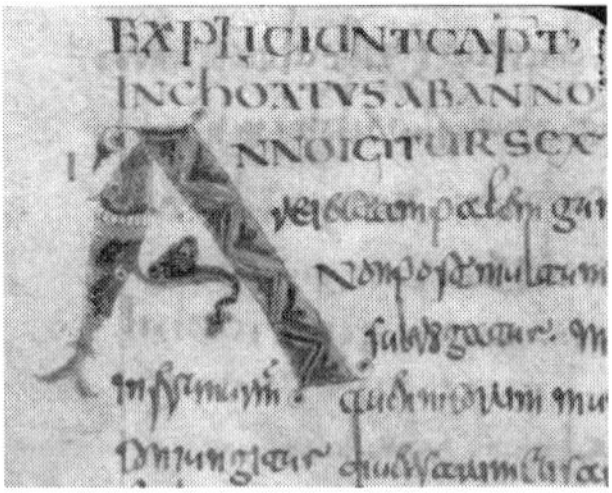

2-2　『歴史十書』。冒頭Aがイニシアル装飾になっている

(『歴史十巻』、『フランク史』という邦題もある)。『歴史十書』は、五七三年、三五歳でトゥールの司教となったグレゴリウスが、五九四年に亡くなるまで執筆しつづけたものである。

天地創造や古代ローマ帝国下でのキリスト教徒のこともしるされているが、以下では同時代の記述の部分(第四書以降)をもとに、中世社会のなかの沈黙と声について考えてみたい。

†力の発動としての感情

著者グレゴリウスが語るのはフランク王国の話である。フランク王国は、ゲルマン人たちがたてた国の中でも、早くにキリスト教、それもローマ帝国で正統とされたアタナシウス派のキリスト教に改宗した。

なお、出来事を起こった順に記述した歴史書といっても、現代のノンフィクションとは異なり、書き手の思惑が入っている。キリスト教化の度合いが強い王は理性的だが、まだ十分にキリスト教が浸透していないと思われる民たちや周りのゲルマン人の各部族については、野蛮で残忍な性格を持つかのように誇張して描かれているのである。

たとえば、フランク人のところに、サクソン人（ゲルマン系の一部族）からの規定の貢《こう》納《のう》が滞っているという知らせが届く。王はサクソン人の言い分を逐一聞こうとするが、家来たちは、奴等に話など通じまいと決めつけ、暴力に訴えようとする（第四書、一四）。家来たちがサクソン人を武力で制圧することを欲したため、王もともに領地に踏み込むことになる。たちまち進軍の噂を聞いたサクソン人たちが駆けつけてくる。

サクソン人は武力衝突を求めておらず、平和を祈願して自分の財産を持ち寄って、どうか衝突は避けて平和であるようにと熱心に懇願する。望むなら規定以上の貢納物を納めるから、どうか戦いは避けてほしいと言う。

これを聞いて王は納得し、「われわれは、神に対して罪を犯さないように、彼らを攻撃しないことにしよう」と述べる。戦いを否とするキリスト教の本来の性格が王によく表れている。

だが、家来たちは、「私たちは、彼らが嘘つきで、約束したことを決して果たさないであろうことを知っています。彼らを攻撃しましょう」という。家来たちが戦いを望むので、王も撤退できずにいると、サクソン人たちは自分の財産の半分、さらにはすべてを持ち寄って懇願してくる。

王は「神の怒りが私たちにふりかからないよう、この人々からどうか離れてくれ」と家来に頼むが、聞き入れられない。そればかりか、家来たちは王に暴力の脅しをかける。

（家来たちは）クロタール王に対して怒りを発し、王を襲っては彼の天幕を引き裂き、王自身に悪口を浴びせると力ずくで引っぱってきて、もしも彼らとともに戦いに行くことを躊躇するならば殺すことさえ欲した。

（『歴史十巻（フランク史）』（ラテン語・邦語対訳）兼岩正夫、臺幸夫訳と『新訂 フランク史――一〇巻の歴史』杉本正俊訳を参考に一部変更した。以下同様）

この家来のふるまいをどう理解すればよいだろうか。

初期中世ではまだ王の力がそれほど強くなく、局面を左右する力を持つ者（家来）が、力の発動に応じて怒りや激しい身ぶりを伴うように描かれたということはありうる。つまり、単に、怒りっぽい、感情がコントロールできない家来とのみ言い切ることはできない。家来たちは、相手が嘘つきで、約束を守らないと主張している。嘘や偽りの誓いは、キリスト教のもっとも嫌うもので、ということはつまり、キリスト教的な規範の外にある者として、相応の対処をせねばならないということを意味する。

その主張は、キリスト教徒としての意識を持った家来たちにとってはふさわしいもので、その正当な主張を通すために、怒りを露わにすることで力の発動を試みているのである。権力の発動、ないし、何か自分の主張を受け入れてもらうために大げさな身ぶりをするのは中世で初めて見られるものではない。

古代ローマのプルタルコスも、グラックス兄弟の改革のさいの農地法の法案採択をめぐって、両手を握る、ひれ伏す、涙を流す、抱擁や口づけといった身ぶりを記録している。それらは、ローマ人が政治の場でも感情を抑えられなかったということではなく、その感情表現が、次の政治的行動を促す記号として機能していたということであるという。

中世でも、権力者の、人々の目の前での感情表現には、社会的な意味や力の発動が前提とされることが多い。

他方で、いわゆるゲルマン人の大移動で移動してきたゲルマン人たちには、身ぶりと声が、政治決定の場で自然と役割を果たした節がある。武具を身につけて話し合いにのぞみ、立ち上がって武器を打ち鳴らして賛成の意を表明したという。だとすると、いまにも殺そうとする勢いで、相手に自分の要求を迫る、ここの場面の家臣のようなことも普通にありそうである。

悪口を浴びせていることに関しては、罵り合いから暴力に至るのが中世の常道なので、そのための脅しと読み取ることができる。盛期・後期中世の都市になれば、罵りの声は暴動開始の合図となる。

一三八〇年九月のパリ大学での暴動は、大学総長に向けて発せられた「殺せ、みんな殺せ」という叫び声が開始の合図として記録されている。自然な叫びがいつのまにか、決まった展開の一部を構成するようになるのである。

このように、中世社会は沈黙ではなく、声ないし叫びで統治された。

†司教の任免

あらたな司教を選ぶさいの声の介在がわかる話がある（第四書、一二）。

トゥールの司教グンタールが亡くなったさい、次の司教として、司祭カトーが推薦された。つまりは昇進である。

フランク王国の王クロタールは、カトーの司教就任をみとめ、正式に依頼すべく使節を送った。使節はレウバストゥスを筆頭とする聖職者たちで構成された。

当のカトーは、王の意向を聞いてもすぐに返答をせず、数日間返事を延ばした。使節が返事を催促すると、次のようなことが起こる。


ところがカトーは空しい栄誉（vana gloria）を欲していたために、貧しい人たちの一群を集めて、次の言葉を大声で叫ぶように命じた。「よき父よ、なぜあなたは、いままで育ててきた息子たちを見捨てるのですか。あなたが行ってしまったら、誰が私たちに食べ物や飲み物をくれるのですか。私たちはお願いします、あなたが養うことにしてきた私たちを見捨てませんように」

それまでに司祭として担当した地域の人たちに惜しまれるほど、人望のある人に思われたかった。それが、カトーの「空しい栄誉」のひとつである。

人々は司祭を尊敬するかもしれない。だが、秘蹟の力は神に由来するもので、その尊敬は、彼ではなくて、神ゆえのものである。それを自分のもののように思い、手放したくないと考えるのは「空しい栄誉」という悪徳なのである。

栄誉という日本語からは極端なイメージが思い浮かぶかもしれないが、人間ならば誰でも持っている自己承認欲求に近いものである。

また、カトーの虚栄心のもう一つとしては、クレルモンで司教になりたいという希望であり、あらかじめ根回しをしていた。カトーについて、著者グレゴリウスは「自尊心で傲慢になっていて、聖性で自分より優れた人などいないと思っていたのである」と述べる。

カトーは自分の希望をかなえるために、再度、叫んで宣言させることをおこなった。当時、クレルモンの司教はカウティヌスという人物だった。

すなわち、今度は金で買った女に、教会の中で憑かれたかのようにして（次のように）叫ばせた。自分（カトー）は、たいへん聖なる人物で、神に愛されている、と。（いっぽうで）司教カウティヌスは、あらゆる悪事によって責められるべき恥ずべき人物で、司教職など受け取るべきではなかった、と。

クレルモンで悪しき司教が力を握っているから、聖なる自分がその地位になりかわるべきだ、ということを言わせている。

このように何度も叫びが出てくる。しかも、わざわざ貧者やお金で買った女性に、「教会の中で憑かれたかのように」叫ばせるとは、どういうことだろうか。

†預言者たち

憑かれた者が真実を告げることは、中世キリスト教世界で初めて出てきたことではない。古代ギリシアのアポロンの神託で神託を受け取る巫女が、なにかに憑かれたような状態で語る例もある。自らの声ではなく語る現象（異言《いげん》）、および女性がしばしばその器となるということは、古今東西、さまざまな文化において見られるものである。

キリスト教では、神の言葉を語る者を預言者という。神から言葉を「預かって」、周りの人々に伝えて「言う」者、という意味である。

山の上で『十戒』を授かったモーセも預言者であり（2－3は時代がくだってからの作品だが、民たちにとって、預言者モーセが一線を画した存在であることが伝わる）、『旧約聖書』は預言者のオンパレードである。なぜなら預言者をとおして神の言葉を伝えるのがキリスト教の源泉、ユダヤ教の主たる形式だったからである。

男性の預言者の場合には、周りの人をおそれさせるような神の器であることが多い。

民は皆、雷鳴がとどろき、稲妻が光り、角笛の音と山が煙るのを目の当たりにした。民は見て震え、遠く離れて立ち、モーセに言った。

「あなたが私たちに語ってください。そうすれば私たちは聞き従います。しかし神が私たちにお語りにならないようにしてください。私たちが死なないためです」

（『出エジプト記』二〇・一八〜一九）

おそれさせる者、この世の秩序をつくる審判者としての旧約聖書の神のイメージが、非常によく伝わるのではないだろうか。

預言者には女預言者も存在し、中世キリスト教世界にも預言者の語りを見いだすことはできる。初期キリスト教時代（古代末期）はそうでもないが、中世は聖職者と説教師に男性しかなることができない。

そうなったときに、あらためて、女性にとって預言者というありかたは、ほとんど唯一、沈黙を破り、声を上げることのできる回路となる——むろんそれは女性たち自身の声ではなく、神の声であるかぎりにおいて、であるが。

中世の女性と沈黙については、第五章以降に詳しく見てみたい。

2-3　フェルディナント・ボル『モーセが十戒を持ってシナイ山から降り来たる』1662

†悪魔憑き

いっぽうで、『新約聖書』のとくに福音書の中に頻繁に登場し、神の声とでも呼べそうな真実を語る存在が悪魔憑きである。

人々はその教えに驚いた。律法学者のようにではなく、権威ある者のようにお教えになったからである。するとすぐに、この会堂にけがれた霊に取りつかれた男がいて叫んだ。「ナザレのイエス、構わないでくれ。我々を滅ぼしに来たのか。正体は分かっている。神の聖者だ」。イエスが、「黙れ。この人から出て行け」とお叱りになると、けがれた霊はその男に痙攣を起こさせ、大声をあげて出て行った。

（『マルコによる福音書』一・二三～二六）

このように、そもそもイエス・キリストの正体を明らかにするのが悪魔憑きなのである。これに対しイエスは、「黙れ」と「出て行け」というごく単純な言葉で悪魔を去らせ、沈黙を取り戻す。

さて、さきの『歴史十書』のカトーの仕方は、明らかにこの新約聖書の悪魔憑きのやりかたにならっている。

『歴史十書』では一介の男も叫び手となっているが、貧しい者や女性が憑かれて真実を明らかにする話は福音書の中に多い。また、悪魔憑きが聖人の聖性を宣言するパターンは聖人伝、奇蹟譚にしばしば出てくる典型である。

悪魔憑きが真実を叫ぶ仕方は、聖人伝や奇蹟譚に見られつづけるほか、奇蹟譚の類を著《あらわ》した修道士・神学者も聖書の一部を引用しながらあらためて、その理屈を語ってゆく。

2-4　アッシジのサン・フランチェスコ教会。真ん中の半裸の女性が悪魔憑きで、野性的・動物的に描かれている

†叫びの権威

クリュニー修道院の第九代院長ペトルス・ウェネラビリス（一〇九二頃～一一五六）は『奇跡について』の中で、「悪魔たちはそのことを知っている場合も知らない場合もあるが、ともかくいつも自分自身の意志に反して、人々が救いに至るための手助けをしてしまうのである」と述べる（第一巻、一四章）。そして、福音書の該当箇所

を列挙してゆく。

憑かれて叫ぶのは、たいてい女性や子どもなど弱き者で、普通であれば公的な場所でその声を響かせることが許されない者たちであった。王のお触れや、戦争のさいの鬨の声などが力を持ち、秩序を作ることはあったが、女性や子どもの声にその力はなかった。だが、悪魔という悪しきものに憑かれて暴れる身ぶりを露わにするときの叫びは、逆説的にも権威となった。

後期中世には、叫びの真偽——憑かれたふりをしているのか、本当に憑かれているのか、あるいは、悪霊の仕業か聖霊の仕業のどちらなのか——が問題となるが、『歴史十書』は初期中世の作品であるため、権威づけの叫びが素直に期待されたと思われる。

†王の訴訟

甘言と贈り物で権力者の立ち位置が補強されうるのは、いつの時代も変わらない。根回しが晒《さら》されるルートは現代では多様であるが、中世ではもっぱら噂話、声であった。

ルーアンの司教プレテクスタトゥスが、王であるキルベリックではなく自分の支持者を増やし、さらには王への陰謀のために、贈り物で民たちを買収しているとする噂が立った。

キルベリック本人の耳に届いてしまい、キルベリックがプレテクスタトゥスを呼び出して尋問する（第五書、一八）。

贈り物の出どころはじつは王妃ブルンヒルデで、王妃がキルベリックに委託した財産でやらせていたため、そもそも王妃の裏切りであったが、王は知るよしもなかった。

司教たちが集まる教会会議で、王は、プレテクスタトゥスの罪を宣言した。「あなたは贈り物を送って、私（キルベリック王）が殺されるように陰謀を企てた」、さらには「民たちを金で買収し、私に忠誠を保つ者がいないようにして、私の王国をほかの人に渡そうとした」と暴露する。

このとき、王の宣言を、漏れ聞いた民たちが騒ぎはじめた。

彼（キルベリック王）がこう言うと、フランク人の群衆ががやがやと声を上げはじめ聖堂の入り口を壊して、司教を連れてゆき石を投げて責め立てようと欲した。しかし、王はそのようなことが起こるのを制した。

王は神の正義のもとで人を裁く、理性ある存在として描かれ、民たちはそういう秩序をまだ習得していない人々として描かれている。

司教はこの訴えを否定した。そして「偽りの証人たち」がやってきて、証拠品と称するものを出したためにこの場はお開きとなった。

だが、それは偽りの証人だったわけなので、司教と王妃を巻き込んだ不正が見逃されてしまったことになる。教会会議に集まった司教の中には、当然その内実を知る者もいて、偽りの証人だと気づいたにもかかわらず、黙っていたわけである。

これに対し、やはり神の正義のもと、よい聖職者が、悪を見逃してはならないと訴えかける展開となる。

教会会議はパリでおこなわれていたため、パリ教会の主助祭アエティウスがやってきて、一堂に会した司教たちに対し、「兄弟が滅びるのを見過ごすならば、確かに今日以後誰も、あなたたちを神の司教とはみなさないでしょう」と述べ、事情を知る者は真実を話すようにと促す。

†王妃ブルンヒルデ

作者グレゴリウスも司教としてこの会議にいた。だが、「司教は誰も彼に答えなかった」とグレゴリウスは書いている。けっきょく「彼らは王妃の怒りをおそれていた」からであるという。

六章以降に焦点を当ててゆくが、中世ヨーロッパの中で女性は、聖俗ともに公の場で発言する権利がほぼなかったことからすると、ブルンヒルデの存在感は意外である。

だが、古ゲルマン人たちの間ではむしろ、女性にもある程度相続権があったため、その名残かもしれない。また、王妃という高貴な家柄ゆえでもあろう。

2-5　聖母マリアも子イエスも真正面を向き、王座に座り厳格な様子。12世紀、オーヴェルニュのもの

このとき、公的場面に登場する王妃はしかも、戦う民たちのなかの公的空間での女性イメージなのだろうか、柔和でやさしい女性などではなくて、厳格な母のようである。他の箇所では決然として、復讐（フェーデ）をおこなうように息子を諭してさえいる。

聖母マリアも初期中世には、厳格な天の女王として描かれた。イエスも審判者たる王のイメージが強かったためだが、聖俗ともに秩序の形成段階にあったため、強い支配者像が必要とされたのである。

ここでは王妃がある程度力を持ち、まじめな司教たちは王妃の怒りを恐れて黙っていた。声による権力の攻防の中で、ようやく沈黙が出てきたわけである。

†おべっか使い

皆が黙っていたので、グレゴリウスは、（本当のことが明るみに出たときに）「王が、神の召使に対して激怒することで、神の怒りによって自分の国や栄光を失うことがないように」、黙っていないでふさわしい忠告を与えるようにと述べる。

本章の冒頭の引用箇所である、忠告せずにいると魂の堕落に責任を負わなくてはならないとの記述は、『エゼキエル書』三三・六に由来する。だが、皆はまだ黙ったままであった。

すると、三人のおべっか使いが、グレゴリウスのことを一番の敵だと王に報告する。書き手グレゴリウスは、おべっか使いという悪しき言葉を司教に用いねばならないことを嘆く。

書き手グレゴリウスは、一貫して、神により近い存在である聖職者を、ほかの人を率いる徳の高い者であるべきだと考えている。だから、聖職者であって不正をおこなう者や堕落した者についてはその悪徳を批判し、嘆くのである。

キルベリック王はおべっか使いの報告を真に受け、グレゴリウスを、ひとり歯向かってくる司教だと考え、グレゴリウスに、「私はすべての人びとの側に正義を認め、あなたには正義を認めることはできない」と述べる。

だが、私は知っている。あなたが人々に悪く見られ、皆から正しくない者と思われるように、何をしたらよいかを。よし、トゥールの人たちを集めて彼らに言おう。「お前たちはグレゴリウスに対し、彼は不正であり、なんぴとにも正義を与えないと叫べ」と。

こうしてふたたび、民を集めて叫ばせる話となる。

その民の叫びに王が宣言し、「王である私がグレゴリウスに正義を見いだすことができない。それなのに、より小さき者であるお前たちが見いだせようか」と述べる。

ここからも、階層秩序が下の民衆には、善悪や正義への判断力すら、より少なくしか備わっていないとみなす中世の世界観が窺われる。

結局プレテクスタトゥスと王の攻防戦となるが、沈黙が問題になるのは、悪徳を知っていて指摘せず黙っていると、その悪徳で罪となった者の責任をともに負うかもしれない、と教える上記の箇所のみである。

叫びと沈黙、おべっか使いの声の兼ね合いが面白いところである。

†キリスト教世界の感情

『歴史十書』は作者が司教であるため、キリスト教の秩序に沿った社会をつくろう、それにふさわしい統治者像を描こうとする意図が見え隠れする。

実際の出来事を扱っているが、ある人物のどのエピソードを採用するか、あるいはより細かく描写するかというのは、著者の裁量にかかっている。その結果、キリスト教をよく受け入れた王や、聖性の高い聖職者が評価されて熱心に描き込まれる。

キリスト教的な王が、戦いを好まず、理性を適切に用いる者として叙述されている。王はこの世を統治せねばならないため、黙っているわけにはいかないが、声と理性でうまく統御しているのである。

王にも感情的な声、統御できずに思わず発せられるような声が描写されることもある。だが、その感情もまた、キリスト教世界の中で救いとよく共鳴する感情であった。

中世キリスト教世界と感情について補足しておこう。

喜怒哀楽のうち、「怒」には統治者として、正義をもっとも実行すべきものとして発動せねばならない場合があり、修辞表現として王の怒りが定着したほどであった。

それゆえ「怒」にかんしては、背景いかんではよいもの、必要なものでありえた。旧約聖書には、神の目の前にただしくないことをした民たちに神が罰を与える場面がしばしばある。これが正義を実行する統治者の怒りの表現である。

「喜」「楽」には、罪との親和性がある。修道院で笑いが忌避されたほか、けたけたという高笑いは悪魔の身ぶりとして奇蹟譚に登場する。

もちろん、実生活で中世人が笑っていないということではなく、書くことを独占していた修道士や聖職者など、キリスト教の色の濃い指導者層では、聖性と声を出す笑いがあまり結びつかなかったという意味である。喜びは快楽、肉欲や貪欲など人間が流れやすい罪を連想させるからである。

「悲」や「涙」は救いにつながるものとされた。罪を悔いて神に慈悲を乞うさいに、涙が伴われるからである。修道士が真剣に祈り、涙の賜物を与えられる系譜もあった。

また、聖書の中で、ラザロの死の場面などでイエスは涙を流しているため、涙は聖なる感情となった。神およびイエスが表現する仕方にならった感情、あるいは、神へと向けられた感情は、よいものなのである。

罪深い人を見て心をいためて涙を流すことは、告解を聴く司祭の模範的な身ぶりであり、また、弱い者に心を寄せる隣人愛の表現であった。

†クロタール王の嘆き

『歴史十書』のキリスト教的な君主では、まずは感情にむやみに動かされず、理性あるすがたで、不要な戦いは避ける王のイメージが印象づけられている。

感情の適切な統御というところには、キリスト教だけではなく、古代地中海世界以来の霊肉二元論、ストア派の哲学に代表される、魂で肉体の側を制御せんとする見方の系譜も表れているのだが、こうした古代からの感情の系譜については、次章であらためて考えてみたい。

『歴史十書』の考察の最後に、理性的に描かれる王が、激しく感情的に描かれる場面を見てみよう。そこには涙が伴われている。

クロタール王は息子クラムと対立し戦わねばならないさいに、本当は望まず、嘆きながら神に向かって、正しい裁きがくだされることを願う（第四書、二〇）。

そしてクロタール王は、新たなるダヴィデが息子アブサロムと戦おうとするかのように行って、嘆きながら次のように言った。「主よ、天からご覧になり、私の訴えを裁きたまえ。というのも、私は息子から不当に侮辱を受けたからである。主よ、ご覧になり、そして、正しく裁きたまえ。そして、かつてアブサロムとその父親ダヴィデの間にお与えになった判決を与えたまえ」

嘆くplangereは、胸をたたきながら悲しみを表現する服喪の嘆きのさいに古代から用いられた単語で、この箇所では、「兄殺しの罪をおかしたアブサロムを裁かねばならなかったあらたなダヴィデ王かのように」という説明が加えられる。

ダヴィデ王とアブサロムのエピソードとは、どういうものだろうか。

ダヴィデ王は美しいアブサロムをほかの息子と同様か、それ以上に大切に愛していた。妹思いのアブサロムは、腹違いの兄がその妹を犯して捨ててしまったかどで、その兄を憎んでいた。

そして、その兄に十分な制裁を加えなかった父ダヴィデに不満を持ち、みずからその兄を殺してしまう。

アブサロムは殺人の罪ゆえに逃げざるをえず、家臣の仲立ちで一時和解するが、いったん冷たくした父に反逆を企てたさい、家臣によって勝手に殺されてしまう。

このときダヴィデ王が嘆く。父として子の死を嘆かずにはいられないのである。「私がお前に代わって死ねばよかった。アブシャロム、わが子よ、わが子よ」と嘆きを露わにする（『サムエル記　下』一九・一）。

この逸話をふまえると、親から子への感情と、神の正義との葛藤に引き裂かれ嘆く姿が

2-6 『マチェフスキ聖書』（モーガン聖書、1250頃）より、アブサロムが死んでしまう場面。フランスのゴシック時代における写本装飾の到達点

思い浮かぶ。子への愛と服喪の嘆きが結晶化したものである。

クロタール王の素朴な感情表現は、死ぬ前に聖所に詣でる箇所にも表れる。クロタールは、自分の死が目前となったとき、多くの捧げものを持って、聖マルティヌスの墓を訪れる。

そして、「すべてのおこない、もしかしたら知らずに過ちをおかしたかもしれないことを思い浮かべながら」、自分の罪について、主にとりなしてくれるようにと「激しくうめきながら」祈ったという（第四書、二一）。「うめく」と訳したgemitusはうなり声やため息、悲しみなどを表し、静かに黙って祈るのではなく、感情を露わにした祈りであることが分かる。

*

以上、『歴史十書』では、世俗世界でもっとも上にある王の理想的身ぶりが理性ある姿で書かれている。そのほかの民たちよりも、王は、声を統御している。

宣言される声を聞いてすぐにでも扉を破って乱闘騒ぎになりかねないざわめきを制止する王は、声をあやつり、沈黙ももたらす存在であった——いや、あれかし（あればいいなあ)、ということである。

現実には思い通りの声の秩序にはならず、沈黙による統制も容易ではなかっただろう。『歴史十書』は、キリスト教のもとであらたに秩序ある世界をつくっていこうとした司教グレゴリウスの、希望をこめた書なのである。

第三章

感情と声、嘆き、そして沈黙

折しも哀憐の情を発し、悲痛はいやまして、
ロランの申すよう、「よき戦友《とも》オリヴィエよ、
おんみは、ヴァル・ド・リュネールの辺境州を領せし
レニエ侯の子息なりき。
仇の槍を打ち砕き、楯を破り、
傲《たかぶ》れる者どもを打ち破りて成敗《せいばい》し、
正しき人に味方してこれを助け、
心卑しく邪なる者を打ち破り成敗するにては、
天《あめ》が下《した》彼の者に勝る勇者なし」

『ロランの歌』一六三、神沢栄三訳

1　涙において沈黙を破る

前章に見たように、中世は声と音で統治する世界なので、沈黙を読み取ることは難しい。あえて言えば、わめいたり騒いだりする民衆の声を秩序づける意味で、沈黙は統治者のものであった。

『歴史十書』のように聖職者が歴史書を書く場合には、非キリスト教徒およびキリスト教の教えのまだ不十分な民衆を、野蛮で、話の通じない者、叫びの人として描く一方で、君主や司教を理性ある声の人として描いた。理性あるはずの人に美徳が備わっていない場合、痛烈に批判した。

この統治者と非キリスト教徒・民衆との構図は、聖人と悪魔憑きの構図にも似ている。一方が理性ある人・沈黙をもたらす人で、もう一方は、理性的な声を発することができない、叫びの人（ないし獣的な存在）なのである。

聖人伝には、聖人が祈ることあるいは聖書など聖なるものを身体の一部に触れさせてやることで、叫んで暴れる悪魔憑きを治癒し、理性的な声ないし沈黙を取り戻す話が数多く見られる。つまり、沈黙と聖性には親和性があった。

そして、君主や聖人、あるいはより明確に沈黙の人である修道士であっても、涙において沈黙を破ることには、ある程度寛容な見方がなされたのが中世の特徴である。

嘆きについて、感情の文法とでも呼べるものには、複数の規範が折り重なっている。中世においても、涙が現代と同じように弱さの表現とされる場合もあった。すると、男性にはそぐわないと考えられ、女性に結びつけられた。

本章ではそうした感情の規範を探ってみたい。とくに葬送儀礼という形あるものと結びつくことから、様々に語られてきた服喪の嘆きに注目してみたい。

激しく感情の発露する場に目を転じることは、沈黙に着目する本書としては意外に思われるかもしれない。だが、基本は沈黙に近いありかたが美徳や理想であった世界で、嘆きに特別激しい声が認められたとすれば、その嘆きとはいかなるものか、問うてゆくことには意味がある。

中世ヨーロッパとは、古代地中海文明、キリスト教の浸透以前にヨーロッパにいた古ゲルマン人やケルト人の多神教世界、そしてキリスト教が合わさった世界である。とくに上に立つ者の感情表現の規範に大きな影響を及ぼしているのは、古代地中海文明だと思われるので、近年の感情史研究の成果に拠りながら、古代の声にも耳をすませてみたい。

2　古代地中海世界の感情

まずは、古代地中海世界の感情の規範を見てみたい。

哲学者や思想家にしたがえば、古代ギリシアの市民男性とは、感情の制御のできる理性的な存在であれ、ということになる。

霊肉二元論（魂と肉体とを想定し、魂のほうが本質的で永遠であると考える）の中で、霊のほうに重点を置くために、霊・魂・理性のほうで、欲や感情に翻弄される肉体を統御してしかるべきだと考えるためである。

中世の神学者・哲学者は基本的に、古代の著作を権威として典拠にした。そのため、この考え方は中世にも通ずるものである。

†魂の統御を狂わせるもの

愛は、そうした規範を崩し人生を破滅させるかもしれないものの筆頭である。それゆえ、

3－1『ニュルンベルク年代記』のプルタルコス。1493年、インキュナブラ（活版印刷）として出版

愛とは狂気、愛とは人を狂わせるものというのが古代の文学のトポスとなる。

キュンティアが初めてその目で　まだ愛欲
に冒されたことの
一度もなかったこのぼくをつかまえて、惨
めにした。
するとぼくのいつも変らぬ傲慢の眼差を
アモルは打ち倒し、両足を載せて頭を圧さえつけ、
ついにはぼくに、貞淑な乙女らを嫌って、
あてもなく生きるようにと、無常にも教えた。

（プロペルティウス詩集、第一巻「一、恋の苦しみ」中山恒夫訳）

アモルとはクピドー、現代ふうに言うキューピッドで、愛に関わる神で可愛らしいイメージだが、存外暴力的な様子で歌われている。このあと、谷間やら岩山やらを放浪させら

れ、野獣や棍棒によって傷つきながらも、「そのくらい恋においては懇願と献身が有効なのだ」という。そのように丸一年、「狂気に取りつかれたまま」過ごす様子が歌われる。

古代ローマのギリシア人哲学者、プルタルコス（五〇頃～一二〇頃）の『愛をめぐる対話』によれば、アポロンが予言の熱狂を吹き込み、ディオニュソスが祭りの熱狂、ムサイが詩的で音楽的な熱狂、アレスが戦闘的な熱狂、エロス（美しいものへの愛）とアプロディテ（肉体関係を伴う愛）が愛の熱狂を誘う。その中で愛の熱狂のみは、駆り立てる対象が消えてもなかなか鎮めることができず、その人を憔悴《しょうすい》させるものだという。

これに加えて、キリスト教では原罪と肉欲の結びつきがあったために、中世では世俗的な愛には長らくポジティブな意味が見いだされづらかった。詳しくは七章で見てみたい。

†服喪の嘆き

愛のほか、とりわけ激しく表現される感情、服喪の嘆きについてはどうだろうか。

ホメロスの『イリアス』は、古代ギリシアの作品で、最古の叙事詩と言われる。

アキレウスが親友パトロクロスを亡くしたさいに、服喪の泣き叫びをみんなでやろうと声をかける場面がある。

3-2　『矢で倒れたパトロクロスに包帯を巻くアキレウス』（紀元前500年頃）

馬と車と共にパトロクロスの傍らに集まり、彼の死を悼もうではないか。それが死者への礼であるからな。だが、心ゆくばかり悲しみの声をあげて気が鎮まったところで馬を解き、一同ここで食事をとることにしよう。

（『イリアス』第二三歌、松平千秋訳、以下同）


そして、「アキレウスが音頭をとって、一同声を合わせて哀哭の声をあげた」。死者をいたむ大声を上げることが、弔いのための儀礼的行為として規範化されつつある。アキレウスが声をかけて指示するのに従って人々が集まり、声を合図に秩序だった嘆きが発せられるのである。

さらに、「泣きながらたてがみ美しい馬を駆りつつ、遺骸のまわりを三たび廻り、テティスがその間にあって誰しもに悲泣の想いを掻き立てれば、浜の砂も戦士の武具も涙に濡れた」と詳しい叙述がつづく。テティスとは海の女神である。

服喪の嘆きは、神が搔《か》き立て、指導者の声で秩序づけられれば、おおいに発せられるべきものであった。

†強き戦士と泣く女

ホメロスが述べたような秩序を作る服喪の嘆きは、葬送儀礼へと形式化されてゆく。だが、嘆きそのものに対し、やはり魂を統御するためには発するべきではない、そもそも、喪に服して嘆くのは戦士に相応しくない、とする見方も存在した。

同じホメロスの『オデュッセイア』では、オデュッセウスが、故郷に帰りつき王の地位を取り戻すまでの間、涙を含めあらゆる感情を抑えることで、強き者の感情の規範に応えようとしている。

その規範をたとえば明確に述べているのはプラトン（前四二七頃～前三四七）である。プラトンは、アテナイの民主政に陰《かげ》りが見える時期に生きたため、現実の政治に希望が持てず、『国家』は引き籠って書いた理想論と言われることもある。だが、国を守る戦士の理想に、感情の規範がよく反映されている。

戦士は強くあるべきである。そして、強い心が強い身体にあれかしと考えられたので、恐怖を与え、心を弱くさせるものである死や死者にかかわることに、否定的な価値が付与される。

国の守護者となる人がそんなふうにぞっとして慄《ふる》えていると、その結果として必要以上に熱っぽくなり軟弱になりはしないかと、彼らのために心配するのだ。

（プラトン『国家』第三巻、山田潤二訳、以下同）

そこで、プラトンの頃にも好まれていたホメロスの詩の中から、英雄が死や死後世界への恐れを語る台詞を削除すべきだという。

また、「立派な人物」にとっては、「よりよく生きるために自分自身だけで事足りる」ために、自分以外のものを必要とすることがとりわけ少ないはずだと述べる。

だから、息子なり兄弟なり、あるいは財産その他それに類する何かを失うということは、他の誰よりも彼にとっては、恐ろしいことではないのだ。

だからまた、何かそのような不幸が彼をとらえたとき、嘆くこともいちばん少なく、あたうるかぎり平静にそれを耐えるわけだ。

何ごとにも感情を動かされず平静を保つ、沈黙の人、とでも言える理想像が表されている。家族の死を悲しまないとは冷たいようでもあるが、それが古代の人にとっても、もっとも感情を揺さぶられる出来事だったことの裏返しであろう。

古代ギリシアでも古代ローマでも死後世界観念は、キリスト教世界の地獄や天国のように鮮やかには発展しない。生者のほうに関心があり、死者とは距離を置くので、墓は市壁の外に作られた。また、死者を浄《きよ》める手順はしだいに女性がおこなうものとなる。

死者に関わる仕事は、男性の市民が従事する公の仕事とは別の次元へと位置づけられてゆく。服喪の嘆きの価値づけにはおそらく、激しい悲嘆という感情規範への否定的イメージと、死者へのイメージの両方が関わっている。

†男の弔い、女の弔い

アテナイでは前の年に戦争で亡くなった市民を追悼する行事があり、民会で選ばれた演説のうまい人が弔いの言葉を述べた。ポリスをあげて戦ったことによる犠牲者を悼むためのものなので、ポリスへの賛辞が必ず弔いの声のあとに続いた。

たとえばペロポネソス戦争（アテナイとスパルタの戦い）が始まってすぐの追悼行事の記録が歴史家トゥキュディデスのおかげで残っているが、男性が弔いの演説に対し静かに耳を傾ける傍ら、女性は号泣するのである。古代の市民の感情規範において激しい悲嘆は、徐々に女性たちに割り当てられていった。

葬送儀礼そのものでも男女の役割分担が進んだ。遺体を人前にしめしたあとに埋葬をおこない、集まった皆で食事をとり、葬送歌を歌うなど、手順が定められていった。儀礼には男性も参加したが、胸をたたきながら泣き叫び、興奮により頭をかきむしり、髪を引きちぎるのは女性たちであった。その身ぶりをおこなうことを生業とする泣き女たちが出てきた。

類似の表現が繰り返し用いられるので、実際、毎回女性たちが文字通りの嘆きをしたのか、それとも文字の上でそう書かれるだけなのかの判別は難しい。

だが、何度か述べてきたように、古代ローマではとくに、政治の場で激しい感情表現が一定の記号、身ぶり言語のような役割を果たしたとされるため、弔いのさいの激しい身ぶりもそうした言語のひとつであり、号泣を伴う激しいそれは女性が担当とするものとなっていったのであろう。

†古代ローマ人とフィデス

埋葬の仕方や葬送儀礼は、古代ギリシアと古代ローマでそう大きく異なるわけではないが、服喪の嘆きについて興味深い指摘がある。

ローマ人は宗教儀礼（祈禱や犠牲獣の奉納など）のさい、事細かに定められた手順に従うことに集中するあまり神々への感情表現が形骸化し、その感情を補うために秘義宗教が発達したとする見方がある。

同時代の哲学者ルクレティウスもその冷淡さを敬虔さの欠如と批判している。だが、服喪の嘆きだけはギリシア人の表現よりも激しく、「慰めの文学」という分野が生まれるほどであった。

古代地中海世界で重要な交易品であったワインへの態度でも、酒の神ディオニュソスを讃え悲劇のコンテストに興じるギリシア人に比べ、大カトーの『農業論』に見られるように、効率的な栽培法の探究に励むローマ人（水割りワインに終止符を打ったのは彼らであるとも）には冷静な気質を感じる。

気質を論じることは容易ではないが、皇帝はストア派の哲学者を傍らに侍らせる（あるいは自ら同哲学者である）のが常で、より理性的に思われるローマ人が、服喪の嘆きの表現には積極的であったとの見方は面白い。

服喪の嘆きは感情表現のように見えても、「信頼」（フィデス fides）の仲介に関わるものとして、感情というより、理性の実践と結びつくものになりうる悲しみだったからではないかという。

フィデスはローマでは女神として信仰された。恐怖や悲嘆が支配的な場面、または愛や友情などが問題となるときに出てくる。あるときには胸、あるときには心臓に宿るが、魂の統御を乱す通常の感情とは異なり、安定をもたらすものだったという。

感情を吹き込み、人間の生きざまを眺める神々がいれば、ネガティブな感情の渦から救い出す神がいてもおかしくはない。とりわけ感情を揺さぶられる、愛しい者を失うことによる服喪の嘆きにフィデスを結びつけることによって、表面上は激しく表現していても、感情による翻弄の荒波から自由になろうとしたのかもしれない。

ローマの抒情詩人ルカヌス（三九〜六五）の『内乱の譜』（カエサルとポンペイウスの内乱をしるしたもの）によれば、感情的な衝撃である「声なき痛み」から、亡くなった人の名前の連呼（ともに嘆くこと）、そして、女性たちの服喪の嘆きへと一定の流れがある。服喪の嘆きでは、母親が召使の女性を呼び、髪をほどいて胸を打ち、体を叩き、髪をむしりながら頬を引っ掻くのである。

声のない苦しみから、叫び、嘆きへと、沈黙を破る服喪に決まった道程を与えることで、服喪で生じる悲しみや苦しみを昇華しようとしたローマ人たち――そのための激しい嘆き声、沈黙を破る役目は、女性に割り振られた。

3　中世の理想的感情と服喪の嘆き

†騎士と服喪

服喪の嘆きに関して、儀礼化する方向と、そうした嘆きすらも統御できる仕方を理想とする見方の両方があるのは、中世でも変わらない。

アテナイで戦没者を弔う儀礼がポリス賛辞と結びついたのと同じように、中世でも騎士の死とその生まれはごく自然に結びつけて述べられた。本章冒頭に引用した詩は『ロランの歌』で、戦友オリヴィエの死に際して、ロランが歌ったものである。

『ロランの歌』は武勲詩と呼ばれ、一一～一二世紀初め、中世文学の中でもより早い時期に出てきたものである。とくに十字軍で異教徒との戦いが、聖戦として理論化されるのと並行して（第一回十字軍は一〇九六年のことである）、戦いを鼓舞すべく盛んに歌われた。実際にあった戦いや英雄を元にしているが、脚色が多い。

『ロランの歌』の場合、フランク王国とバスク人のちょっとした戦いが、キリスト教世界の守り手たる英雄シャルルマーニュ（カール大帝）がサラセン人（イスラーム）と幾度となく戦ってきた戦いのうちの一つへと練り上げられている。当時、数百年前のシャルルマーニュが神話化・英雄化される現象が起こっていたのも関係している。

つまり、異教徒との戦いの鼓舞を目指し、キリスト教君主の理想像を描いたフィクションではあるが、戦う人の理想的な感情の規範がむしろ強調されていると考えられる。

3-3 『フランス大年代記』（15世紀）より。『ロランの歌』の８つの場面がひとつの絵に収められている

主役はロランで、史実とは異なるがシャルルマーニュが可愛がっている甥である。オリヴィエも優秀な騎士でロランの戦友である。ロランが血気盛んな騎士、オリヴィエは少し冷静な知能派の騎士であった。

継父のガヌロンがとある逆恨みでロランを陥れたいと望み、敵のサラセン人と密通して、しんがり部隊（一時撤退で敵に背中を見せるときに、最後尾を守る精鋭部隊）を急襲させ、部隊に含まれたロランもオリヴィエも決死の戦いに臨むという話である。
しんがり部隊では太刀打ちできないほどの人数の敵を前に、オリヴィエは、角笛を吹いて仲間を呼び戻そうと述べる。だが、ロランは騎士の誇りを優先し、任務は任された者たちだけで全うしようという。
その結果、味方が大量に命を落としてしまう。ロランはオリヴィエに、味方のうちの優れた騎士アンジェリエが亡くなったことを知らせる。

されば伯ロラン、オリヴィエ伯に呼ばわりて申すよう、
「戦友《とも》よ、はやすでにアンジェリエは討たれたり、
われらにには、かの者にまさる勇者はなかりしものを」
伯応えて申すよう、「神よ、われに仇を討たせ給え」
（『ロランの歌』一一七、神沢栄三訳、以下同）

冷静なオリヴィエが、アンジェリエの死を前に、仇討ちの念に奮起する。優れた騎士を

失った騎士二人は、悲しむ暇に仇を取ってやろう、敵をもっと倒してやろうとする思いに駆られるのである。

オリヴィエはこのかけ声のあと、次々と敵を打ち取ってゆく。ロランはそれに対して、「憤然たるかなわが戦友の激しきことよ」と述べ、武勲でこそ自分もオリヴィエもシャルルマーニュに認められるのだと誇らしげに言う。大声で、「いざや者ども討てや討て」と仲間たちに呼びかけるのである。

つまり、必ずしも服喪の嘆きが見られるわけではない。憤然たる様子で敵に切りかかっており、怒りのほうが勝っている。だが、オリヴィエの最期を前にしたさいはやや異なる。

オリヴィエは背後から斬ってかかられてしまう。「白き鎖帷子を切り放ち、槍の穂先は胸板を指し貫いてとまりたり」という（一四五）。

最後の力を振り絞る楯と槍の鳴る音の合間に、鬨《とき》の声「モンジョワ」が響き渡る。オリヴィエの胴体から血が滴り地面にまで流れ落ちるのを見て、ロランは嘆き、気を失う。

「神よ、いかにせばや、
戦友よ、不憫なるかな、汝の武勇。

おんみに肩を並べうる強者はよもあるまじ、
ああ、美し国《うまし》フランスよ、汝今日よりは、
めでたき勇者を数多失い、あわれ憂き目を見んずらん、
されば皇帝には大いなる痛手とならん」
かく言いしもあえず、ロラン馬上に気を失えり。

自分も誇りに思うほどの戦友のあわれな姿に、仕える国と主君の栄光が失われることを嘆く。弔いの詩にも通じる、戦う人の嘆きの型である。決まった型とはいえ気を失うほどに感情が込められている。

怪我がひどく、ほとんど前が見えなくなってしまったとき、オリヴィエは、ロラン相手に切りかかるが、それに対しロランは「優しくおだやかに」、自分だと知っての一撃か、と訊ねる。オリヴィエが謝罪すると、「些かも手傷は受けず、神の御前で四の五の言わずおんみを赦そう」（一四九）と答える。これが最期のやりとりとなる。

そして、本章の冒頭に引用したように、弔いの詩がうたわれる（一六三）。オリヴィエの死を前にロランは、「哀憐の情せきあえず、いとど涙を流しけり。その顔《かんばせ》は色を失い、

痛恨きわまり身を支うるあたわず、否応もなく、正念失いて倒れ伏す」（一六四）という。激しい悲しみを心身全体で表現しており、その悲しみが女々しいなどと批判される様子はない。気を失いかけたロランを心配した仲間が水を汲んできてやろうとしているくらいである。

キリスト教世界を守る騎士たちなので、神に呼びかけながら、弔いの詩を高々と述べ、激しい悲嘆に倒れ伏す。その一連が嘆きの型とされており、弔いの詩は理性的な言葉でもあるので、感情は表現されつつも形式的にも思われる。古代ローマで、服喪の嘆きが型にはめられ昇華したのと似ている。

†権威と嘆き

中世では、まわりの人がその人の死を激しく嘆くということが、亡くなった人の権威を高めるという典型もあった。とくにその葬送儀礼や、亡くなったことがわざわざ年代記にしるされるくらいの高い地位の人にかんして、用いられた。

よき君主の死に際して、この世の終わりであるかのように都市民全員が嘆いた、とする記述は定形表現でありつづけた。他方で、君主や王族自身にかんしては、涙を統御するこ

3－4　ロヒール・ファン・デル・ウェイデン『ブルゴーニュ公シャルルの肖像』1460年

とを徳とする見方が盛期・後期中世に繰り返し説かれる。

一二・一三世紀のすぐれた騎士ギヨーム・ル・マレシャル（ウィリアム・マーシャル）の死に際しては、多くの人が嘆く描写とともに、息子がふさわしい仕方で静かに泣く記述がある。

また、一四六七年、ブルゴーニュ公シャルル・ル・テメレールが父親の死にさいして感じた悲しみを露わにする様子を、年代記作家のジョルジュ・シャトランは「叫び、嘆き」、「寝転がり立っていられず、加減することができない」と伝えている。「その激しい苦しみの様子に皆が驚いた」という。

悲しみのあまり倒れ伏す激しい身ぶりと嘆きは、さきに見たロランにも、古代以来の泣き女に代表される服喪の身ぶりにも共通するものである。果たしてその表現の通りに行為をおこなったのか、記号的に当てはめたのかがわからない。

だが、文字通りに床にのたうちまわったのではないせよ、何の反応もせず父の死を受け止めたときにこの叙述はしないと考えられる。

そのため、父の死を嘆く感情を何か表に出したことに対し、上に立つ者には相応しくないとの判断がなされたのである。嘆きも抑えるべしとする、プラトンに近い見方も確かにあったわけである。

†嘆きとアイデンティティ

以上、騎士や王といった世俗世界の上層の人々にとって、感情と声の統御という理想像が古代以来あり続ける一方で、雄々しく嘆き倒れ伏す騎士もいた。激しい嘆きは、服喪の一連の過程を占めるもので、感情豊かで雄々しいものの、どこか形骸化している印象もあった。だが、そのように激しい嘆きを含めた型が、戦う者たちを上層階級とする社会では役割を果たした。

この嘆きの型が、戦う人が上層階級を占めた宮廷社会で規範であり、形式的であれ激しい嘆きが繰り返し行われていたであろうことが、後期中世の都市世界で、新たに台頭してきた新興貴族層による反発から窺われる。

批判されているのは泣き女のことではなくて、激しく嘆く男性たちである。女性に訴えを起こされるほどの法的権利がなかったこともあり、泣き女そのものが違反等として訴追された記録はほとんどない。

泣き女の号泣を『詩編』の朗誦に変えるようにとの命令は出され続けるが、とってかわることはない。葬送儀礼での嘆きは中世の人にとって、男性が自分たちの理想とする感情の規範には入れない場合もあるにせよ、儀式の一連には必要なものだったのである。

他方で、男性たちの葬送儀礼での服喪の嘆きが訴追されたということはつまり、実社会でもおこなわれていたということである。だが、訴追というのは、嘆きそのものが罪とか悪とされたというより、嘆く者たちを抑えようとする、権力抗争の一環としてであった。

つまり、その嘆きが集団形成の一翼を担っていたために、相争う別の集団から、嘆きはよくないとの声が上がったのである。そのときに、過去からしばしば貼られたレッテルが再利用された。

騎士道や宮廷社会とは異なる出自から上昇してきた新興貴族が、大々的な嘆きや声で秩序をつくるこれまでの仕方とは異なる統治と感情の文法を求めた。そこであらためて、嘆くのは女性的だとのレッテルを貼って、感情の抑制を美徳としていった。

南フランスのヴァルレアスでは一三世紀終わりに、葬式のときの叫びや嘆きを訴追するものが見られる。それが人々を脅かし、「神の御業に関わる儀礼をおこなう妨げとなり、何の役にも立たない」ために禁令が出されたという。フランスでは、これにならって禁令を出す都市も相次いだ。

他方で、イタリアやスペインでは、男女問わず服喪の嘆きが集団をつなぐものとしての役割を果たす度合いが高く、葬送儀礼で嘆くのも、女性に限らないものが継続した。中世の宗教運動でも、イタリアの都市では、集団で声を上げて救いを希求するものが多い（一二三三年のアレルヤ運動や一三九九年のビアンキ運動など）。感情の文法には地域性がありそうである。

以上、服喪の嘆きは、感情表現の中でも、こと葬送儀礼なりに哀悼の詩なりの形になりやすいぶん、権力者の権威をしめすものや、人と人との紐帯を作るもの、あるいは自らの属する集団をしめすものとして世俗社会で役割を果たしたため、沈黙に伏さなかった。形にあてはめることでむしろ感情の内実を昇華しようとする動きは、人間の知恵のなせる業で興味深い。

第四章

聖と俗

その影は彼に答えた。「私はいまや神を知らぬ者です。ですが私は、あわれな被造物です」

司教はうめきながらその影にたずねた。「そんなに苦しそうなお前の具合はどうなんだ？」

影は言った。「悪いです。最悪と言ってもいいでしょう。私は永遠の死で罰せられているのですから」

司教は言った。「おぉ！　愛しいお前よ、その劫罰の理由をきいても？」

――トマ・ド・カンタンプレ『蜜蜂の普遍的善』I、一九・六キリスト教世界としての中世では、喜怒哀楽のうち、哀、涙、泣くことがもっとも救いにつながりやすい感情であった。

泣くことは、罪を悔いることの表れだからである。また、神の受難を思い浮かべたとき、あれほどのことをしてしまった人間たちの原罪について、出てくる感情といえば、嘆きだからである。あるいは、イエスも福音書で泣いているからである。

4－1　1315～25頃の磔刑図（ソヴァーニャ、フランス）

けれど、神に対して、神の前に嘆く姿勢は、常に自然なことだったわけではない。

嘆くというのは、主体自らが感じたことへのうめきである。主体は神の方である、感情云々以前に、主体は神の方である。だが、とする考えがキリスト教には存在する。人間は沈黙して神の声を待つべきであり、沈黙が謙遜の高い段階に位置づけられるのは、第一章で見た通りである。

一二世紀頃に変化が見られる。本章では、この変化の時代に注目してみたい。

1　祈る人の感情と声

†アンセルムス

キリスト教世界としての中世を率いた修道士たちは、定期的な祈りで神を讃えた。だが、基本姿勢は、神に何かを訴えることではなく、心身を集中して沈黙すること、すべてを神の意志にゆだねることであった。そして、讃美の言葉を述べるために口を開いてくれるのも神であると考えた。

一一世紀のアンセルムスは、在俗聖職者であり、神の存在証明をおこなった、スコラ学の父として知られる。つまり、神に対峙してじっと祈る人というよりも、人々の間で秘蹟などの儀式をおこなったほか、神の似姿として与えられた理性を存分に使って、神について真剣に考えた人であるとする印象が強い。

だが、理論的・理性的な人というのはアンセルムスの一面にすぎず、彼こそが、神と人間の直接的対峙へと中世の人々を引っぱっていった重要人物であった。

アンセルムスの祈りは盛期中世（一二世紀後半・一三世紀）においてよく読まれ、模倣されたり加筆されたりした。

中世に著作権の観念はなく、また、新しいものにはあまり価値を見出さず、これまでの権威に従うものがよいとされた。そのため同時代に、新しいことを言っているのに、模倣されたアンセルムスは珍しいように思う。

4－2 『アンセルムスの祈りと瞑想』12世紀の写本。アルファベットのOの装飾で、大司教の服装。おそらくアンセルムス

アンセルムスはカンタベリー大司教という、イングランドの聖職者の中でも指導的で力のある役職についた人である。ノルマンディー地方というフランスの一地方の領主（フランス王の臣下）が、王位継承権を主張してイングランドに乗り込み、王権を奪取した時代であった。ノルマン・コンクェスト、すなわち、ノルマンディー地方と王ウィリアムの娘アデライデが、アンセル

ムスが属したベック修道院の近くに住んでいた。修道女にはならなかったが、誓いをたてて敬虔な生き方を送ろうとしていた。そこで、祈りの詞華集の作成をアンセルムスに依頼したのである。

修道士・修道女にはならなくとも、高貴な家柄に生まれた人たちの場合、付近の聖職者の前に処女の誓いを立てて敬虔に生きるという道があった。そして、祈りは修道士にとっては聖書の『詩編』を一週間ですべて唱えるものだったが、俗人の場合には一部を集めた詞華集、現在で言うアンソロジーのようなものを手元に置いて用いた。

アンセルムスのどこが革新的なのだろうか。

それまで祈りとは、『詩編』を中心とした、すでに形あるものをなぞることを基調としたものであった。

だが、アンセルムスは自分で祈りを著し、読み手のアデライデにも同じように、神への信仰心をこめた祈りを著すのもよいだろうなどとすすめた。

だから、アンセルムスが著した祈りに感化されてそれを改変したり、模倣して作ってみたりする動きがあったことは、アンセルムスにとっても、望みどおりのことだったのである。

†感情のこもった祈り

ベネディクトの『戒律』の中では、神へのふさわしい沈黙の姿勢をとったとき、神が声を発してくれるのが印象的であった。

もしそうしたならば、わたしの目はあなたを見、私の耳はあなたの祈りを聞き、あなたが叫ぶ前に、「見なさい、わたしはここにいる」とあなたに言うであろう。

（『戒律』一・一八）

ベネディクトは、神のこの言葉をこの上ない甘美なものとして受け止めていた。アンセルムスの時代、ベネディクトはすでに戒律をつくった修道制の父であったため、アンセルムスには、聖ベネディクトに捧げる祈りもある。どのようなものだろうか。ベネディクトのおかげで、「無数の者がおなじ至福の状態にみちびかれ、甘美な言葉によって励まされ、味わいぶかい教えによって手解きをうけ、奇跡によって震いたちました」（『祈りと瞑想　カンタベリーのアンセルムス』一五、古田暁訳、以下同）とアンセルムスは述べ、賛辞を捧げている。

だが、そのあとに、嘆き声を上げ、自分の罪深さについて延々と列挙しているのである。

慈しみに満ちた父よ、懇願する者を助けてください。このように過ちと偽りであふれるわたしを退けず、わたしの告白に耳をかたむけ、嘆きの声をあげるわたしに、それに値しなくても、大きな憐れみをたれてください。

（……）

肉の道をいまだ離脱していない修道士ですが、あなたの戒律にしたがって生きることを誓いました。悪に染まったわたしの心は、犯した罪を嘆くには石のようでまた乾ききっており、罪の機会に抵抗するには軟弱でまるで粘土のようです。

心の柔らかさ云々といった表現は、隣人愛を説明するときのイメージも想起させる。教父で教皇でもある大グレゴリウス（位五九〇〜六〇四）が、修道士たちどうしの間の隣人愛、兄弟愛を説明するときに用いている。

大グレゴリウスは、教皇になる前、修道士として生活した人である。また、著作『対話』の中の第二篇にはベネディクトの伝記を収録した。つまりベネディクトの精神性をよく理解しようとしていた。キリスト教史にもとづく感情史でも必ず取り上げられる人なので、寄り道しておこう。

大グレゴリウスは、ほとんど無慈悲と思われる試練を突き付けられたヨブが神に心を寄せる仕方にとくに共感し、『道徳論（ヨブ記注解）』を著したことで知られる。そのほか膨大な著作と書簡を残している。

作品がしばしば冗長なのだが、それは、どこから読んでも味わえるということである。

4-3　ドメニコ・フェッティ『聖グレゴリウス』。白い鳩（右上）がささやく内容を筆記する。白い鳩は三位一体のうちの聖霊をしめす

体系的に整理されていないがゆえ、まるで読みながらともに体験するような（中世の修道院での読書・瞑想とはそういうものだった）ものになっている。

大グレゴリウスは、比較的救いにつながりやすい涙や悲しみについても、場合によっては危険だと考えた。適度な涙や悲しみは罪を悔いるのとともに

なくなってしまうからである。

生じるもので救いにつながるが、過度な悲しみ、絶望、憂鬱に浸ると、神すら信じられなくなってしまうからである。

仲間の修道士が、絶望に至るような悲しみに浸っていて、助けたいと思う場合におこなうべきであると大グレゴリウスが述べる隣人愛、兄弟愛の営みが「感情のへりくだり」(condescensio passionis)である。

へりくだるという言葉は、直訳すれば「ともに降りる」という意味になる。修道院に入った時期の違いや、それぞれの素質によって、厳しい修養生活をどこまで極められているのかには、同じ修道院の中にも個人差がある。

修道院長に対し、そのそれぞれの賜物の相違をよく見極め、それぞれに適切な対応をせよ、と教えたのがベネディクトであった。大グレゴリウスも、そうした個人差への配慮にすぐれており、心が弱くて悲しんでいる修道士がいれば、その場所まで降りていくようにと述べるのである。

このとき、「傷ついている人の悲しみをとり去ってやりたいと望むなら、まず、自分も悲しむことによって相手の悲痛と一致する(ともにくっつく)ようにつとめねばならない」という(『道徳論』)。自分の精神、心を柔らかくすることから始め、苦しむ人の精神に合わせてくっつけるのである。鉄と鉄をくっつけるときに、片方の端を熱して柔らかくするように、助けたいと思う修道士の側が、まずは、柔らかくしてくっつけるのだという。つまり、心や精神が柔らかいということは、自分の外に対しての接触を許すことを意味する。アンセルムスの表現でも似たイメージで、心が外に開かれるときの触れあいを表現している。溶けた鉄だとか粘土だとか、吸着する素材が挙げられる点が興味深い。

優れた修道士の修養には、神に対し沈黙して祈るのみならず、自分の罪に対して、欲への誘惑に対して、あるいはイエスと使徒たちにならってともに共同生活を送る兄弟（修道士）たちに対して、その時々にふさわしく開くことも求められているのである。

これは一歩進めば感情ではなかろうか。

感情を動かされず、笑いを起こさず、沈黙を守る人のイメージを伝えたベネディクトの『戒律』の精神に忠実であろうとして共同生活を続け、神と向き合うなかで、感情のこもった祈りが醸成されるのである。

そして一二世紀には感情のこもった神への祈りが顔を出す。アンセルムスはその先駆けなのである。

アンセルムスがさきの祈りで、心が乾ききっている、ないし罪に対しては軟弱で粘土のようであるというのも、罪や欲へとまじめに対峙したがための内面の吐露である。

いとも愛すべき父よ、悪徳の一つずつを思い出そうとしても、記載されている数が多すぎます。暴食、惰眠、軽薄、短気、虚栄、悪口、不服従、そのほかの悪徳のために、あわれな魂は日々嘲笑の的になり、（……）

ご覧ください、祝されたベネディクトよ、このキリストの兵卒は、あなたの指導下でじつに熱心に戦っているではありませんか！

アンセルムスの祈りは悪徳を列挙しながら、神の声を待ち望むどころか、見てほしい、これも、あれもと自分から訴えかける。

そして、自分の罪をたたみかけることによって、苦痛と悔いる思いがエスカレートしてゆき、そもそもベネディクトの弟子などと自分ごときが名乗るのは「恥辱」で「恥知らず」だと述べながら、中世のキリスト教徒がもっとも嫌がるものである嘘や偽りの誓いが意識にのぼってくる。

修道士の衣服をまとったにもかかわらず、ふさわしい生活をできていない自分はまさに嘘つきで、偽りの誓いという罪で塗り固められている。その思いの極限に叫びという祈り、うめき、嘆きが生まれる。

精神よ、苦悩せよ、心よ、動揺せよ、霊よ、砕けちり、叫べ。

このあと、アンセルムスはイエス、そして王なる神に呼びかけ、また、ベネディクトにも指導者、師、父として、「慈愛の念」をもって呼びかける。

ほとんど絶望しそうなほどの罪の意識の奈落から叫びの極限に達したあとは、落ち着いた様子でイエスをはじめとした面々に目を向けるのである。

このような祈りを唱える人は、自分の犯した罪、悪徳と否応なく対峙し、絶望から救いへとともに引きずられてゆかずにはいられないのではないか。

†心身をひらく

決まった祈りを形どおりにおこない、神を待ち望むことが基本姿勢であった祈る人たちが、その基本姿勢の「沈黙」を破り、自分の側からどんどん語り出し、また感情を横溢させてゆく。

修道院で祈りを中心とした生活をおこなうなかでは、人間の弱さゆえの罪と向き合わねばならない。食欲や肉欲といった、無に帰すことはおそらく不可能である欲にどうしても振り回される場面を何度も体験し、その都度神にすがり、問うてゆくことをおこなう。すると、神に向かうときに、何がしかの自分の感情や欲から目をそらさずにいる習慣がつく。それで苦しいときに何度か神に助けられるうちに、おそらく本当に欲や感情から解放され、神の意志を自発的に迎え入れる段階に達するように感じられる瞬間もあろう。

以上のような道すじを、隣人愛の実践と絡めて神への愛の道として説いたのが、一二世紀のシトー会のベルナルドゥスである。

ベルナルドゥスは、『神を愛することについて』の中で、神にたびたび助けを求める過程について次のように述べる。

確かに必要の機会が度重なることから人間はしばしば神に嘆願しなければならないことが増える。だが、それが増し加わることによって神が味わわれ、味わうことによっていかに神が甘美であるかが試される。こうして神を味わった甘美さが、必要がわたしたたちを強いるよりも、いっそう純粋に神を愛するように惹きつけるようになる。
(『神を愛することについて』愛の第三段階、金子晴勇訳、以下同)

神に向かって人間の側から求めていくとき、神の側から与えられる賜物がありうる。そして、神へ向かうさいに感情が伴われているのみならず、神と接し、その賜物を受けとるさいにも、感情や五感に訴えかける表現になっているのである。

その甘美な体験から愛が深められ、神に飲み込まれるようになってゆく。神のためにしか、あらゆる被造物をも自分をも愛することがなくなる。

一滴の水が大量のぶどう酒の中に注がれてぶどう酒の味と色を吸い込む間に、全く自分を消失するように思われる。また灼熱した鉄のように赤々と燃えて火に全く似たものとなって、最初の自分の姿を失っている。さらに太陽の光に染められた空気が光と同じ輝きに造り変えられて、単に照明されるだけでなく、自ら光となるように思われる。
(愛の第四段階)

「神のために自己を愛する」といわれる段階で、完全に達成できるのは、この世での生を終えてからであるとされる。

ベルナルドゥスは『雅歌』についての説教や、聖母マリア崇敬を推進した人としても知られている。「蜜の博士」の異名も持つ優れた説教師であり、また、十字軍を勧める説教や、当時キリスト教世界の内部で出てきた異端カタリ派に対する説教もおこなった。

つまり、ベルナルドゥスは神に祈る道をきわめたのみならず、周りの人を教え導くことにもかなり専心しているのである。祈る道についても、それをほかの人がどうやればよいかを教えることに主眼がある。教皇となったエウゲニウス三世（位一一四五〜一一五三）にも指導をおこなっている。

そしてこの盛期中世（一二世紀後半・一三世紀）において、これまであまり顔を出さなかった、働く人（農民たち）をふくめた俗人たちにも、この身体と感情をつうじて、という点から神への道が開かれうる。

その前に、俗人とキリスト教の関わりかたを振り返ってみることにしよう。

2　俗人の信心と声

†俗人と祈りの声

俗人たち（戦う人、働く人の両方）にとって、中世キリスト教世界とはどのようなものだったのだろうか。そして、声と沈黙はいかなる意味を持ったのだろうか。

キリスト教世界の王としての意識を持ったごく初期のカール大帝がすでに、すぐれた側近の助言のもと、七八九年の『一般訓令』の中で、すべての一般信徒は主禱文と使徒信経を覚えていなければならず、それがキリスト教徒の条件であると述べている。

いずれも短く単純な祈りであるが、修道士たちが聖務日課の祈りを唱えたように、俗人たちも定期的に祈りの言葉を口に出していたわけである。

修道士にとって、神の意志にすべてをゆだね、その声を待つことが沈黙として理想の姿勢であったのに対し、俗人にとっては、決まった祈りを間違えずに声に出すことが大事であった。

はじめにでも述べたように、俗人の日常会話は俗語と呼ばれるいまの英語やフランス語、ドイツ語、イタリア語などのもとになる言葉でおこなわれた。主禱文や使徒信経はラテン語である。修道士や聖職者が学び、ウルガタ版の聖書で読むのと同じ言語である。ヘブライ語（あるいはイエスが話したアラム語）やギリシア語、ラテン語という、聖書に用いられた言語に対し、それ自体で聖性を持つという世界観が中世にはあった。そのため意味がわからなくとも、ラテン語の祈りを音で暗記して唱えることには意味があると考えることができた。

一一世紀頃、告解を聴くさいに司祭が参考にした手引書として、ブルカルドゥスの贖罪規定書がある。

その中で、「お前は薬草を集めるときに、信経や主の祈り、つまり使徒信経や主禱文とは異なる呪文を唱えたか。もし異なる呪文を唱えたならば、一〇日間パンと水で贖罪しなければならない」（ブルカルドゥス『教令集』六五、野口洋二訳、一部変更）という言葉がある。

薬草とは、当時の人にとって薬であり、それを集めることは生きるのに必要な糧《かて》を得ることであった。肉体労働でもあり、古代から、農業のさいに麦を刈りながら歌が歌われた

4-4　聖ピエール大聖堂（ポワティエ）の建物の外に張り出した悪魔。建物の前の広場で説教を聞き、こうした彫刻で説明を受けることもあった

4-5　聖ピエール大聖堂の外の彫刻。審判者・王者としてのイエス。こうした図像も説教とともに用いられ、日頃、目にすることで最後の審判や死後世界観念が浸透した

ように、その労働の苦しみが少しでも楽になるよう、歌ったり、神々への言葉を唱えたりしたわけである。

ほかにも、教会に来て祈らねばならないときにたんに口をもぐもぐさせているだけだとか、墓で死者への祈りを唱えねばならないのにぺちゃくちゃお喋りに興じているだけとか、そういう場合が贖罪規定書には列挙されていて、一〇日間のパンと水の断食が割り当てられている。

殺人や近親姦がとくに重罪で何年にもわたる贖罪が求められるのに比べると、比較的短期間になっていることから、そうしたことは俗人にしばしば見られて、贖罪業を繰り返しおこなわせながら少しずつ教えを浸透させていったことがわかる。

†聖なる声の力

盛期中世（一二世紀後半・一三世紀）以降、民衆教化のためには、説教だけではなく、実話をもとにしたエクセンプラという小話も用いられるようになる。キリスト教徒としての美徳と悪徳を教えるには、より身近な場面を題材にした方が効果的だからである。

エクセンプラ集は修道院の教化文学、奇蹟譚からも多くの話をとっており、そうした史料のひとつにシトー会士ハイステルバッハのカエサリウス（一一八〇頃〜一二四〇頃）の『奇跡に関する対話』がある。

たとえば次のような話がある。ケルンに住む市民が、一人になるたびに天使祝詞を唱えていた。そして亡くなったあとにその市民は姪のもとに、全身を天使祝詞の文言で覆われた姿で現れた。すなわち長靴にもかかとにも、天使祝詞の言葉（恩寵に満ちたアヴェ・マリアよ等々Ave Maria, gratia plena...）が書かれており、それが彼の身を守ったのだという（一二・五〇）。

戦う人についても、聖なる言葉の力が語られる。騎士は戦いに強くとも、いや、強いからこそ尊敬され、強欲や肉欲の罪に染まりやすい。罪を重ねた騎士が敵に捕まって殺されるときに、最後に「主よ、私を憐れみ給え」（Domine miserere mei）と唱えた。

おそらくその魂を煉獄なり地獄なりに連れて行こうとした悪魔たちは、悪徳に染まりきった騎士の傍に待機していたのだが、「死ぬ間際に三つの言葉（Domine と miserere と mei）が言われた。そのせいで俺たちは力を失ったんだ」と残念そうに言う（一一・二〇）。

次のような話もある。

高貴だが罪深い戦士が敵に捕まった。その戦士は亡くなるとき、「神よ、あなたは私の意志をご存じです」と唱え、「私の魂を聖処女の息子に委ねます」と言った。

近くに悪魔憑きがいて、罪深い戦士の死に喜んでいるだろうと訊かれると、憑いた悪魔が「悲しげな声」で、「いいや、まったく。死ぬ間際に一言言っただろ。そのせいで奴は救われたんだ」と答える（七・五七）。

この場合の一言は、聖母マリアへの言及（「聖処女の」）であると説明される。つまり書き手カエサリウスは、罪深いと思う人でもとにかく聖なる祈りを唱えよ、聖母マリアの名前だけでもいいから唱えよ、その言葉には力があるから、と教えようとしているわけである。

なぜこのように、聖なる言葉を声に出すことの力を教え諭したのだろうか。

ひとつには、民衆がキリスト教の祈り以外の異教的な信仰にもとづく声を発し続けたからであろう。もうひとつとして、祈りの言葉を単に声に出すことについて疑問を持つ人も現れたからである。

盛期中世には、祈りの内容や、なぜその祈りに力があるのかを説明できないまま唱えていることを不安に思う民衆が出てきているのである。

一二世紀末から一三世紀のドミニコ会士ジョルダン・ド・サクスは、主禱文の「霊験を知らない」ことを不安がる一人の信徒に対して、その祈りは「どちらの場合にも価値がある。値打ちを知る者の手にあろうと知らぬ者の手にあろうと、宝石の価値に変わりがないのと同じだ」と答えている。

また、同時期の説教師ヴィトリーのヤコブスは、寡婦たちに子供に三つの祈りを教えるように命じるさいに、「その言葉の価値は十分理解できなくても、それでも子供たちに無意味ということはない。讃歌や呪文の力を理解しない蛇を、その言葉が傷つけるのと同じように、（祈りの言葉の）霊力は、理解できない人々にも働くのだ」と述べている。

こうした言葉は、民衆たちを安心させるためのものとも考えられるが、むしろ単純な教えにとどめておこうとする聖職者や説教師の意図も感じられる。

一三世紀のドミニコ会士エティエンヌ・ド・ブルボンのエクセンプラ『聖霊の七つの賜物』には、一人の老女が敬虔に主禱文、天使祝詞、使徒信経を唱えるのに感心した司教が、彼女にさらに詩編も与えようとした話がある。ところがその結果、老女は涙の賜物も、鳩の形をした聖霊の賜物も失ってしまった、と述べられているのである（第二〇六話）。

長い祈りや神学的知識を教えないのは、異端とされるような逸脱を防ぐための方針であったが、実際には聖職者が優位性を保つためでもあった。

民衆たちは、決まった聖なる祈りの声を出しているとしても、一定の信心までに押しとどめられているとしたら、盛期中世頃までは沈黙させられているといえるかもしれない。だが、押しとどめようとする動きが見られるということは、教えられる一辺倒ではなく、自ら、より敬虔な生き方をしたいとする霊的な欲求が生まれつつあったことの証である。

†俗人のめざめ

ここで大まかな時代的変遷を見ておこう。

一〇〇〇年頃には、上からのキリスト教化がひと段落して、異民族の侵入も落ち着き、気候が安定する。ラインラントなどで鉄の生産がさかんになり、一二世紀には重量有輪犂《すき》が用いられるようになる。土地を交互に休ませる三圃《さんぽ》制の普及、動力としての水車や風車の利用がいっそう進むなど、初期中世に比べて、農業の技術が発展する。すると、比較的平和な時期だったのも理由で、収穫高が一気に上がる。

当時、主に農業から食べ物を得ていたので、農業技術の発展の影響力は大きい。豊かになるのはいいことだが、同じ「働く人」の中でも貧富の差が出てくる。

十字軍を皮切りに東方世界との交易がおこなわれるようになると、状況はより複雑になる。一二世紀以降、都市が発展する中で、うまく成り上がる人もいれば、従来よりももっと苦しい生活をする人もいた。

地域の在俗聖職者が、庶民に洗礼や告解などのキリスト教の秘蹟（目に見えない神の業を目に見えるものにする儀式）をほどこしていた。聖職者には免税特権があり、また、西方世界ではキリスト教の組織と世俗社会が持ちつ持たれつで展開してきたために、聖職者の信仰の腐敗が度々問題となった。

もちろん、中には敬虔な聖職者もいた。だが、秘蹟をほどこせるという、特別な立ち位置に慢心し、民衆を下に見て、十分の一税などの収入で、衣服や食生活の点で贅沢をする聖職者もいた。また、聖職者には男性しかなれず、独身で神にその身を捧げるという建前になっていたが、実際には愛人を囲うことも普通におこなわれていた。

上からのキリスト教の布教が進み、日常、単純な祈りの言葉を唱えていて、都市の発展で貧富の差が広がり、生活があまり楽ではない庶民がそういう聖職者に告解をして、これこれの贖罪をしなさい、と言われて、どういう気持ちになるだろうか。

聖書の教えによると、イエスは物を持たず、貧しい身なりで、貧者や病人、娼婦らを差別せず、彼ら彼女らこそ、神の国の住人にふさわしいとして神の愛を説いていった。

そうしたイエスの姿に倣《なら》い、粗末な衣服をまとって、聖職者や教会組織が腐敗・堕落しているいまの世界はよくない、悔い改めねばならない、と説くような巡歴説教師が出てきたら、民衆は、あぁ、自分が求めていた指導者はこの人たちのほうだ、いばっている聖職者たちではない、と思ったのではないか。そう思わせたのがたとえばフランスの巡歴説教師、ローザンヌのアンリ（一一四五頃没）であった。

民衆がそういう人についていって、聖職者や教会を批判する運動を起こしたら、ローマ教皇を頂点とした教会組織としては何とか、自分たちも腐敗をあらためようとしつつ、反抗されない形で民衆を傘下におさめなくては、と行動を起こさざるを得ない。

そういうわけで、西方世界の中での異端と民衆運動、教会改革運動といったものが一一世紀以降、盛期・後期中世には起こってゆくのである。

3 清貧と使徒的生活

†アッシジのフランチェスコ

富と力を媒介にして生成された西方世界なりの教会組織のありかたの矛盾が、限界に達していたのが盛期中世である。そのときまでに、修道士は祈りの日々のなかから、心身をひらく仕方を見出しつつあった。俗人の一部も、貧富の差の広がりのなか、祈りの声を続けながら、清貧という、わかりやすい仕方に惹かれはじめた。

当時の理想の滋養のもと、現れたのがアッシジのフランチェスコ（一一八二～一二二六）である。都市の裕福な毛織物商人の息子で、貧富の差の拡大でいえば豊かになった階層の人であったが、さらに上の階級である騎士に取り立てられることを望んで、勲功を上げようと戦いに参加する。だが、捕虜となったうちに病を得て、徐々に神のほうに惹かれてゆく。

つまり、ある程度身分の上昇が目指せる時代に、素直に上昇をめざしたものの、挫折した人であった。完全に回心してからは財産をなげうち、貧しい身なりで神の愛を説く、イエスと使徒たちにならった生き方をおこなった。慈悲深くも受肉して人間を救おうとしてくれた神のイメージに、心身を寄せていくのである。そして、フランチェスコと同じような、よい家柄の青年が彼にならって財産をなげうち、後に続いた。

フランチェスコは、身体にイエスが磔刑のときに受けたのと同じ傷を生じさせる奇跡

4－6　教皇インノケンティウス３世が、12人の仲間を連れて貧しい身なりでやってきたフランチェスコに活動の認可を与えている（ジョット作、1295-1300）。良い家柄の息子の極端な行動としてまだ奇異の目で見られた時期であったが、インノケンティウス三世は富と清貧の矛盾に気づいておりフランチェスコに希望を見たとも

（聖痕）を得た。

このあと、激しい断食と祈り、受難のイエスに思いを寄せる追体験をより強く欲したり、聖痕の奇跡を授かったりする人には、「聖女」（教皇に列聖されていない場合も多いので括弧を付した）が多い。いよいよ女性が沈黙を破るのが盛期・後期中世なのである。

†カタリ派とドミニコ

一二世紀には、カタリ派という異端が南フランスを中心に数多く見られる。善悪二元論に基づく逸脱した教説を持っていたが、それでも、腐敗した聖職者よりも聖性を身体に帯びたように見える人たちであったため、多くの民衆を従えた。カタリ派を率いたのは、完徳者と呼ばれる、非常に厳しい禁欲と清貧を実践する人たちだったからである。

教皇は南フランスに説教師を送り込み、あるいはアルビジョワ十字軍と呼ばれる武力抗争も始める。さきに述べたシトー会のベルナルドゥスは、カタリ派信徒を正統に呼び戻すための説教でも功を奏した。

だが、カタリ派の脅威は大きかった。

カタリ派は、聖職者の秘蹟を否定するのみならず、自ら類似の儀式をおこない、完徳者

4-7　エル・グレコ『祈る聖ドミニコ』

と帰依者の厳密な上下関係を重視した。富と権力のもとに築かれたローマ教会組織を、清貧と力の放棄（カタリ派は目に見えるこの世の一切を悪神の創りしものとして否定したため、現世での権力を無でもって替えている）に基づく信心団体でさかさまに映し、ローマ教会の存在そのものを否認したのである。

　このカタリ派の姿に立ち上がったのが、ドミニコ（一一七〇～一二二一）であった。領主層の一門に属し、叔父が聖職者だったので、聖職者・説教師となるべく教育をほどこされ、バレンシアで神学を学んだ。

　だが、レコンキスタを始めとして戦争が恒常的とまではいかずともある程度の日常で、ドミニコも楽な生活をしていたわけではなく、身の回りには多くの貧者を目にしていた。そこでついに、書物や所持品をすべて売り払い、貧者へのほどこしをおこなうのである。

　道ゆく弱き者に共感し助けずにはいられない、というのは、キリスト教の隣人愛の根本である。ドミニコもまた、心身でイエスと使徒たちの生き方を実践する人であった。

だが、おそらくもともと良い家柄で学があったため、身をやつしてもその声は歴史の沈黙の闇に吸い込まれなかった。不平等ではなく神の賜物とキリスト教が解釈するところである。

ドミニコのよき業の噂がカスティーリャに知れ渡り、聖職者に叙階され、力をもつ司祭に随行して仕事をおこなうようになる。だが、実際にカタリ派信徒を前にする体験を経て、聖職者のポストを放り出し、説教師として生きることを決める。

カタリ派には公然とローマ教会を悪魔の教会、ローマ教皇をその長であるとみなすところがあったために、普通、カタリ派の教説にはそれ以上耳を傾けるなという風潮があった。最初は言葉で説得しようとしていったがだめだったので、武力で倒せば、あとの判断は神がしてくれるというふうに、カタリ派対策に尽力する人たちの考えが変わってゆく。

だが、ドミニコは、富と力のもとに生きるローマ教会による制圧がカタリ派信徒に説得力を持たないのは、カタリ派の清貧の実践に、正統のキリスト教がめざすものに共鳴する部分があるからだと見抜く。だから、物を持たず托鉢で生きる使徒的生活を実践しながら、正しい教えを説く、説教師の道を選ぶのである。

ドミニコは、カタリ派の霊性に目を向けた点で、異端に沈黙させなかった人であり、彼が説教師として生きたのは、沈黙しない運命のもとに生まれた人だったからのように思う。だが、ドミニコの死後、カタリ派対策の最後の段階で異端審問制度が導入されて、ドミニコ会士は主要メンバーとなり、異端対策のマニュアルも著す。その後拷問が利用されるようになると、自白が第一とされた点からも身体と声のあらたな関係が出てくる。審問官のドミニコ会士は異端を沈黙させる筆頭になると思うと、考えさせられる。

一方でドミニコ会士といえば、やはり根っからの説教師、語りのプロで、声で周りを変えようとした人であった。

†托鉢修道会士

ドミニコ会も、フランシスコ会も、貧しい身なりで教えを説いてゆく点では、托鉢修道会士で、ほかにもカルメル会やアウグスティノ会など、盛期中世にはこの形態の修道士たちが活躍する。

修道士とはベネディクトの『戒律』のもと、一所定住で引きこもり、修道院生活を送るものだったことからすると、人々の間に出ていくのは驚くべき変化である。

ただし、キリスト教の教えにめざめ、自分から応えたいとする民たちの欲求は、ときに、より極端な形をとり異端運動とも紙一重である。民たちをどうにか教え導かねばならず、声と態度とで見倣わせる（それはベネディクトの『戒律』が修道院長に教えているものである）存在は必須であった。神と真剣に対峙する「祈る人」たちが、自分こそその任務を負いたいとするのに何も不思議はない。

また、巡歴説教師にせよ托鉢修道会士にせよ、このあとに時代の表舞台に出てくる女性神秘家に対しても何らか関心を寄せ、あるいは説教で呼びかけたり、あるいは彼女らの伝記を書いたりもした。それも民衆の霊的欲求に沿うものであった。

女性については次章以降に見ていくことにして、最後に、托鉢修道会士の一人、トマ・ド・カンタンプレに注目してみよう。

†トマ・ド・カンタンプレ

トマは、動物や植物など自然学的事物の百科事典のような本、『事物の本性について』も書いている。そのなかで、蜜蜂の集団の生き方（女王蜂を頂点としたヒエラルキー構造）は、中世キリスト教世界が模範としたヒエラルキー構造のありかたと似通っており、ぜひ模倣すべきありかたであると述べる。

4-8　トマ・ド・カンタンプレ『事物の本性について』より

動物について、古代ローマのプリニウスの『博物誌』などの古代の知識を用いて、聖書と照らし合わせてその性質を考えるのは、初期教父アウグスティヌスもやっていることである。また、古代に文明の拠点の一つだったエジプトのアレクサンドリアでも、自然物の知識がまとめられており、ラテン語訳され聖書の章句もつけられた『フィシオロゴス』が中世に出回っていた。

トマはとくに蜜蜂が気に入り、蜜蜂に範をとったエクセンプラ集『蜜蜂の普遍的善』を書いた。蜜蜂には、修道士や聖職者といった、中世の選ばれし者たちが真似するのにふさわしい模範的な特質がいろいろあるという。

『蜜蜂の普遍的善』によると、蜜蜂が必要なとき以外にはハチの巣を出ないということ、自分の役割に専念すること（女王蜂は女王蜂、働き蜂は働き蜂）が、神からの賜物としての自分の居場所を享受し、むやみに移動せずなすべきことに没頭すること、必要もなくほかの役職を兼ねないことの模範として解釈される。

当時、領主クラスの司教をふくめた人たちが役職をいくつも兼ねて、不在地主のようになって報酬だけ受け取るとか、いくつものポストを同じ人が兼ねて、やることをやらないのに富を独占するということがあった。

冒頭に引用したエクセンプラはそういう、それぞれの居場所をむやみに出るなということを教えるもののひとつである（『蜜蜂の普遍的善』I、一九・六）。

話の主人公フィリップ・ル・シャンスリエはパリ大学の学長もつとめた人だが、そうした特権を複数持つことが、果たして本当に神の目の前に正しくないことになるのかどうか議論したことで知られる。トマ自身それを聞きに行った。ドミニコ会士は、説教活動に従事するかたわら、大学で学位をとって教えることもあった。

この話のポイントは、特権を複数抱えたまま――死ぬ前にはひとつの特権以外は放棄して貧者に富をほどこし、悔い改めてはどうですかと、よき司教に勧められたにもかかわらず――本当にそれが大罪になるのかどうか自分の身を持って知りたいという、学者なりの好奇心に勝てずにそのまま死んだフィリップが、どういう姿でその司教のもとに現れたのか、というところにある。

4－9　ヘルラート・フォン・ランツベルク『快楽の園』より。修道院の学問の宇宙観。中央は哲学で「七つの学芸」を研究によって教える。中央下の二人はソクラテスとプラトン。下部の四人は詩人と魔術師で黒い鳥は悪霊。キリスト教の世界観から警戒されつつ、詩興の源に神的なものを見る見方は古代から変わらなかったのだろう。七つの学芸（文法、修辞学、論理学の三学と数学、音楽、幾何学、天文学の四科）は大学の自由七科でもある

フィリップが亡くなって数日後のことである。

数日経って、司教が朝課の後に祈ろうと思ったとき、彼と光の間に人間の影のようなものが立っているのを見た。それは真っ黒だった。司教は手を挙げて合図をして、話すように命じた。その影が神から来たものかもしれないからである。

中世のあの世から訪れる罪人は、だいたい罪深ければ罪深いほど黒い姿をしている。悪魔がそもそも黒くイメージされることからの連想である。

光が白、影が黒、神は光でイメージされたため、罪につながるものは影で黒、夜の闇が恐れられ、修道士が沈黙を守ったのは一章で見たとおりである。

その影は彼に答えた。「私はいまや神を知らぬ者です。ですが私は、あわれな被造物です」

そして、司教がよくよくきいてみると、数日前、特権をひとつ以外は放棄したらよいと自分が諭《さと》しに見舞った、あのフィリップだとわかるわけである。

「私はこのところもう完全に、お慈悲を乞う存在となってしまいました」司教はうめきながらその影にたずねた。「そんなに苦しそうなお前の具合はどうなんだ？」影は言った。「悪いです。最悪と言ってもいいでしょう。私は永遠の死で罰せられているのですから」

結局この大学人は特権を複数持つという罪をおかしていたほかに、貧者に気前よく富を分け与えなかったり、肉欲に勝てなかったりといった罪を重ねていたために、大罪をおかしたことになり、永遠の罰を受けることになったのだという。

このあとの会話も興味深く、司教に向かってフィリップは、「世界は終わったのでしょうか」と訊く。キリスト教の歴史観のなかの、最後の審判とイエスの再臨などが終わったのかということだが、司教は、自分がまだふつうに生きているということはそのときではないということだろう、「世界の終わり、最後の審判の前には、生き物はみんな、いったん死なないといけないのだよ」とフィリップに言う。

いったん死んで、それからキリスト者が全員復活するという教えは、つまり、このエクセンプラを聞く面々には少なくとも承知される程度に浸透していたことがわかる。「以前は、あなたは、人間の中でもとても賢かったのに、そのような質問をするなんて」と不思議がる司教に、フィリップは、「驚くことではありません。地獄に堕ちた者にはもう知識も、仕事も、理性もないんですよ」と答えたという。

死後の姿を伝えることで、教えにはちゃんと従わないだめだと思わせる趣旨の教訓話だが、盛期中世の都市の学者のいきいきとした声が聴こえてくるようである。

一三世紀以降、アリストテレス哲学が本格的に導入され、また、優れた神学者も多く輩出する中で、知識欲にめざめた俗人は、歴史に名の残る人にとどまらず数多くいたと考えられる。

中世の人は、神への沈黙を破りはじめている。

さて、本章でところどころ顔を出していた女性について、次章からあらためて見てみたい。

第五章

聖女の沈黙

男性の血は、男性の強さと真の性質からして、種を持っているのだ。というのも男性は、土からその肉をつくられたのだから。他方、女性は真の性質からして弱くてもろいために、女性の血は種を持っておらず、ささやかでわずかな泡を放出するだけなのである。

というのも女性は、男性と同じようにはできていない。すなわち、男性のように、土と肉というふたつのものからできておらず、男性の肉からとられただけである。それゆえ、女性は弱くて壊れやすいため、男性の器なのである。

ヒルデガルト・フォン・ビンゲン『病因と治療』第二巻

キリスト教は、ユダヤ教の中から出てきたものである。そして、ユダヤ教は律法と神殿祭儀を中心とした民族宗教であった。

古代のユダヤ教社会では、ラビの、つまり律法に詳しい人の説教を公的な場に聞きに行けるのは男性のみであり、女性は、家で男性から（夫から）話を聞くほかなかった。公的な空間で声を発するどころか、その空間に出ていくのもはばかられたのである。

これに対し、歴史上のイエス・キリストは、貧しさや学のなさから律法を守れない者として虐《しいた》げられていた病人や貧者とともに、女性に対しても、それまでになく門戸を開いた。はじめにイエスに従った人々には、下層民のほか女性もかなりの数ふくまれた。イエスの説く神の国は、家庭に引きこもるのが当たり前だった女性たち（高級娼婦のみは例外であったが）にとっても、驚くべきあたらしい世界であった。

イニシアチブをもつ集団の中に女性がふくまれる状況は、キリスト教が初期の教団として活動する間にもある程度は続いた。

一一〇年頃、ローマ帝国に急速に広まるキリスト教の実態を把握すべく、教会の二人の責任者が捕らえられた。このときの記述が総督プリニウスの書簡にみられるのだが、その責任者とは、奴隷身分の女性なのである。

まだ集団そのものがある程度小規模であったからこそ、理想をそのままの形で実践できたのであろう。

以上、中世まで時計の針を進める前にひとつ確認したかったことは、歴史上のイエス・キリストとごく初期にその教えに従った人たちは、女性に沈黙を課したわけではなかった、ということである。

1 女性に課された沈黙

フランスのブルゴーニュ生まれの修道士で年代記作者、ラウル・グラベールが『歴史五巻』で、「世界全体が自分の身体を揺り動かし、その着古した衣服をふるい落とし、諸教会の白衣をくまなく身に纏ったようであった」と述べたのは、一〇〇〇年のことである。そして、クリュニー修道院やシトー会が活躍し、キリスト教世界としての中世世界がおぼろげな輪郭を露わにしてくる。

この一一・一二世紀に聖職者位階制度が確立する。つまり、ローマ教皇を頂点とした教会組織と、司教区をつうじて統治する仕組みが定着するのである。このとき、聖職者の職は男性が独占するものとなる。

つまりキリスト教が中世世界の表舞台を引っ張る存在になったのと引き換えに、女性たちは、社会で表立って声を上げられる立ち位置からすっかり追放されてしまった。キリスト教史のはじまる以前の状態、沈黙の座へと、ふたたび吸収されてしまうのである。

†パウロの言葉

女性が人前で説教すべきではない、聖職者にはふさわしくないということの理由として教父や神学者は、一二使徒には男性しかふくまれなかったことや、『創世記』でのイヴのおこない、あるいはパウロの言葉を根拠として挙げる。

とくに、以下の部分が頻繁に参照される。

> 女は静かに、あくまでも従順に学ぶべきです。女が教えたり、男の上に立ったりするのを、私は許しません。むしろ、静かにしているべきです。
> （『テモテへの手紙　一』二・一一〜一二）

まさに、女性に沈黙を課しているかのように読める箇所である。このあと、アダムが先に造られたことと、女のほうが「すっかりだまされて、道を踏み外し」たこと（禁断の実を食べたこと）が根拠として語られる。

しかし、上記の箇所は歴史上のパウロよりものちに書かれた擬似パウロ書簡にふくまれるため、パウロその人の考えではない。パウロが活動した頃の集団には、指導者として女性もふつうに活動していた。

パウロが特別に女性擁護的であるということではない。ただ、ヘブライ人とギリシア人という民族の区別や、身分の貴賤、貧富の差など、人間の間の目に見える差異について、人間どうしで区別することにはあまり意味がないと気づいていたため、性別の差異についても同じように考えていたのではないかと思われる。

パウロは肉欲についてはおそらく意識があり、だから、女性には近づかないほうがよいと考えたのである。

パウロが書いた可能性が高いとされる『コリント信徒への手紙　一』の七章にある、「男は女に触れない方がよい」「私のようにしていられるなら、それがよいのです。しかし、自制することができないなら、結婚しなさい。情の燃えるよりは、結婚するほうがよいからです」「私としては、皆が私のようであってほしい。しかし、人はそれぞれ神から賜物をいただいているので、人によって生き方が違います」などの言葉から、パウロの素朴な人間性が窺われる。

パウロは、自分が神に向ける気持ちが削がれないようにするために、そのほかに欲情の源となる存在とは、言葉を交わすまいと思ったのである。

それは、女性にとくに沈黙を課したというより、自らが神への沈黙に専心したということである。修道士たちの心持ちと同じである。

だが、中世キリスト教世界では、パウロの名前と結びつけられながら、彼のものではない言葉が権威として何度も引用された。

†女性への禁止令

公的に、女性が聖職者の職から追放されたことが文書の上ではっきりとわかるのは、一二世紀後半から一三世紀である。一一四〇年頃、法学者グラティアヌスのまとめた『教令集』で、女性は説教や洗礼、あるいは聖なるものとのあらゆる接触から遠ざけられている。

さらに、一二三四年、有能な法学者でもあった教皇グレゴリウス九世は、『新版教令集成』を公布した。グラティアヌスも編集作業にたずさわり、新たな教令と補遺が加わって完成されたものである。

その補遺の中で女性への禁止令が明文化されていて、女性はミサをおこなうことはもちろん、人前で聖書を読んだり、告解をきいたりしてはならないと述べられた。チョバムのトマスも『説教術書』で、俗人男性も女性も、公の場で、つまり教会の中やその前の広場などの人前で、説教してはならないと述べている。ただし、女性の説教 praedicatio はだめだが、勧告 exhortatio はありうるとしている。家の中で母親が子どもに教える、あるいは人目につく広場ではなくて限られた空間で女性どうしが教えあうのは良いということである。

こうして女性は、聖職者や説教師といったキリスト教世界でもっとも発言権をもつ立ち位置では、沈黙を余儀なくされた。

2　預言者として語る

女性たち自らが語るのではなく、女性という器をとおして聖霊や神が語る「預言者」としての立場ならば、旧約聖書が語る女預言者しかり中世社会の女性神秘家しかり、沈黙を破ることがありえた。

また、良い家柄に生まれた女性の場合には、いくらか声を出せる可能性が高まった。

†ヒルデガルト・フォン・ビンゲン

一二世紀ドイツのヒルデガルト・フォン・ビンゲンは、神の声を聞き、かつ、説教旅行をおこない、教皇・皇帝レベルの面々に様々な助言をしたことで知られる。受け取った幻視の内容を、男性の修道士の手助けのもととは言えみずからラテン語で残したほか、医学、薬草学、自然学的著作を書いた。また、自分が修道院長となった女子修道院で歌うための歌と詩、オペラの祖とも言われる音楽劇までも作った。

沈黙を破った女性といっても、縦横無尽に活動しすぎていて驚くほかない。

ヒルデガルトは、貴族の家に生まれ、一〇人目の子どもとして神に捧げるべく教会に預けられることになった（神からの賜物の一〇分の一を神にお返しするという考え方があった）。

だが、はじめから修道院に入れられたわけではない。ザンクト・ディジボードの修道院のそばの小さな庵《いおり》で、高貴な年上の修道女ユッタのもとで暮らした。そこで祈りや読み方の基本をおそらく教えてもらったのは、ヒルデガルトにとって幸運なことであった。

女性どうしの教え合う環境において、ヒルデガルトは沈黙に覆われることなく過ごすことができた。やがて二人の噂を聞いて、おなじように良い家柄の女性たちが集まってきて、結局は女子修道院となるほど発展する。

本書でも何度か出てきた、中世キリスト教世界のヒエラルキー構造のそれぞれの場所が賜物として与えられているのだという考え方に、ヒルデガルトはごく自然になじんでいる。彼女自身、もともとよい家柄に生まれたために、上のほうの立ち位置にあって、その居場所を自然に享受する素直さを持っていたといえる。

たとえば、宝石やきれいな衣服を身につけるのが好きで、修道院に入ってからも、自分が女子修道院長となってからも、修道女だからと言って質素な身なりにはしなかったという。贅沢をしたというわけではなくて、美しい神の花嫁としては、美しく着飾ることを当然だと思ったからである。

近隣のより質素な生活をする修道女から華美な服装や宝石を批判されると、ヒルデガルトは、「神のつくった秩序をない交ぜにしてはいけません」と反論した。目に見えないヒエラルキー構造の中でより上位にいる者、より天使や神に近い者が、神に似た美しい姿でいようとするのは、神の意にかなっていると考えたのである。

†幻視体験

伝記にふくまれる自伝（男性の修道士によって口述筆記された）によると、ヒルデガルトは三歳の頃から幻視を体験していた。

幼い頃、もっとも身近な人間である乳母に、普段見えないものが見えるかどうかそれとなく訊いた。そのときにきっぱりと否定されたため、そういうものが自分以外の人には見えないとわかり、恐くなったためにしばらくは黙っていることにしたという。神の器としての自信がなくなり、沈黙するのである。

自分の傍で長らく指導役になってくれていたユッタが亡くなると、三八歳のときに女子修道院長になる。その後、神からあらためて、これまでの幻視を書き記すようにとお告げを受けた。それでもはじめは、自分のような女性にはその価値はないと考えて、行動をためらった。

だが、幻視を打ち明けずに黙っていると病気に伏せってしまい、やむなく信頼できる男性の修道士フォルマールに打ち明けたのである。

5－1　ヒルデガルト。神の声を聞くとともに幻視をした。書き取っているのはフォルマール

そして、手伝ってもらいながら、幼い頃からの幻視を書き留めることを始めた。それが『スキヴィアス』である。

シトー会のベルナルドゥスに自ら手紙を書いて、自分の体験についての祈りと助言を求めもした。

さらに、折しも近くに教会会議に来た教皇エウゲニウス三世（ベルナルドゥスの弟子でもあった）が、書きかけの『スキヴィアス』を読んで認めることで、だんだんと良いうわさが広まっていった。

ヒルデガルト自身は、自分を「貧しき小さな女の器」と捉えており、女性をより弱く不完全であるとする当時の知識人男性たちと見解を共有している。そこが、彼女が非難されなかった背景のひとつかもしれない。

あぁ、何と大いなる奇跡。
下に置かれる器《うつわ》たる女性のところにこそ、
王が入ってこようとは。
これぞ神がなしたこと。
というのも謙遜はすべてのものの上にのぼるのである。
だから、あぁ、なんと実り多いことだろう
この形は。
悪徳が
女性からあふれ出たのであるが――
その後女性はそれを拭い去り、
そしていとも甘美なる香りたる美徳すべてを
つくりあげた。
そうして天を飾った、
この世を混乱させた以上に飾ったのだ。

（『天の啓示の協和するシンフォニア』一一）

イヴがアダムよりも先に罪を犯したということ。また、女性が男性の肉欲を刺激する悪徳に満ちた存在であること。当時の神学者や聖職者の男性が持っていた見解を、ごく当然のものとして受け入れているのである。

だが、そのように作られたからこそ、神の慈悲はもっとも謙遜する者にこそ注がれるので持ち上げられ、天を飾るものになるのだと無邪気に歌い上げる明るさがあった。

†器に徹する

ヒルデガルトの作品には、被造物として生み出されたことへの喜びや、生み出される以前に神の胎内にあったことへの喜びが見いだされる。

柔らかくてもろくて弱い、悪徳がそこからあふれるなどと女性のことを述べながらも、そのようなものとして女性を創った神を愛し喜んでいる。小さいものだからこそいっそう喜んでいるのである。

この見方が、のちほど見るクリスティーヌ・ド・ピザンとの大きな違いである。

幻視を書き記した作品として、『スキヴィアス』『生命の功徳の書』『神のわざについて』の三つがあるが、最後に書かれた『神のわざについて』に次のような箇所がある。

女は弱いので、男をあてにするのである。それは、月が太陽からその力を受け取るようにである。それゆえ、女は男に服従し、つねに男に仕える心の用意ができていなければならない。なぜなら、女の認識の働きによって、女は男を保護するからである。女は肉と血によってつくられているのに対し、男はもともと土であった。そのため、裸でいるときでさえ男は、自分の身を覆うために女を求めるのである。

（『神のわざについて』I、四・六五）

前半部分は、聖書からしばしば読み取られる、夫に仕える妻の構図である。後半部分は少し解釈に迷うところである。

女性が認識の働きによって男性を守るというのは、元来、男性が理性と結びつけられてきたように見える古代地中海〜中世の捉え方からすると少し不思議である。

だが、女性性へのイメージはいくつかありうる。

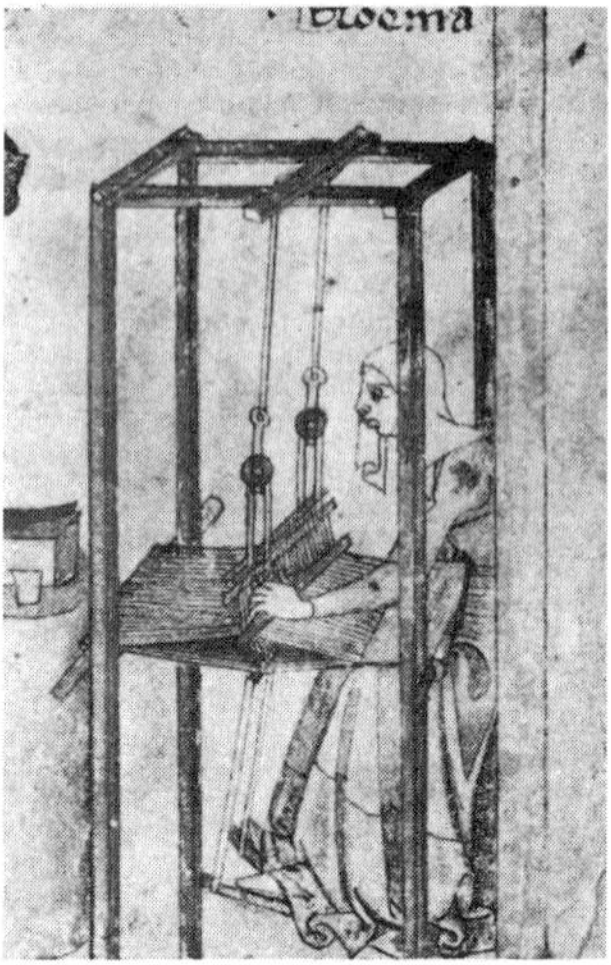

5-2　織り機を使う女性

古代ギリシアではアテーナー（ローマ神話でいうミネルヴァ）という知恵の女神のイメージがある。また、女性には教える者、知恵者としての系譜がある。それは、子どもがまだ幼いときの教育をたいてい母親が担当してきたことにもつうずる。

この「認識」は、知識ではなく知恵であると考えると、女性性と結びつくかもしれない。中世でも、薬草にかかわる知恵やお産の仕方など実践的な知恵は、声と仕草をとおして主に女性たちによって受け継がれた。

さらに、より神学的な立場から、サピエンティアという、神に通じる知恵概念をもとに、ヒルデガルトをその系譜に位置づけることもできる。

ヒルデガルトには、創造主たる神が、創造以前にこの世界をまるごと胎内に宿したという、出産する母のような神へのイメージが強い。産む身体を持つのは女性で、母性愛も被造物への愛と重ねられることで、女性性と神に共鳴する部分を見いだすのである。

そして、創造と贖いのわざに働いているものをサピエンティア――神の最たる性質である認識（discretio）にも由来するもの――とみなす。それも女性性に滲《にじ》み出てくるものになりうるというわけである。

また、覆うもの、守るものというのは、古代の多くの農耕民族が持つ、大地や豊穣を女性とみなす見方と通ずる。海に女性性を見いだすのとも似ているかもしれない。

衣や衣服を女性に結びつけることは、女性がしばしば織り物関係の手仕事と結びつけられることと共鳴している。

以上のように、女性の古今の多義的なイメージが、ぱらりと切り取った幻視のページに読み込まれているところがヒルデガルトの面白さである。

だが、だから女性にもっと目を向けるべき、などとはヒルデガルトはまったく考えておらず、ただ、神が視せるものを視て、声を聞いて、書いた結果なのである。そのように「器」に徹したことが、縦横無尽に声を発する活動を可能にした要因であろう。

しかも彼女はそれを、自分が抑制されているなどとは思っておらず、喜ばしく歌っているのである。

中世に聖職者位階制から追い出され、公式な説教活動から締め出されて、黙らされたかのように思われる女性たちであるが、ヒルデガルトの幻視にも明らかであったように、女性には多様なイメージが織り込まれていた。

　女性性のイメージを探ることは、ジェンダーの枠の溶解をめざす現代において、時代に逆行するおこないかもしれない。

　だが、そうしたイメージに対して、むしろ受けとめながら声を出していた人たちがいたことまでもを、沈黙に還してはならないのではないか。

　そこで次に、中世の聖女の典型イメージを手がかりに考えてみたい。

3　聖女の系譜

†処女・寡婦・妻というモデル

　神学者や説教師の議論や著作において、女性は端的に言って、聖母マリアとイヴという両極端のモデルに沿って語られた。前者は救い、後者は罪に結びつけられた。

　聖母マリアとは、処女でありながらイエスを身ごもった女性である。処女性は、女性が

5-3　ポワティエの聖ラドゴンド教会。王者キリストと聖母子、聖人たちが描かれている。マリア（左中央）の右側に聖ラドゴンドや女子修道院長や修道女の仲間

聖性を持つとみなされるとき、中世の間じゅう、筆頭の性質であり続けた。

　女性のカテゴリー分類といえば聖性の高いほうから処女・寡婦・妻の三つであった。

　高貴な家柄に産まれ、早いうちに聖性を開花させて処女を守るべく修道院に引きこもったり、あらたな修道院の創健者となったりするのが初期中世の聖女の典型である。

　その場合、聖女伝によれば、処女の守り方は受け身的で、時に男性によって処女が奪われそうになっても、イエスや聖母マリアなど外からくる

聖なる存在が守ってくれる描写となっている。すでに神に召し出されているため、よけいなことはせず、沈黙して従順であるのがすぐれた聖女なのである。

黙して神に委ねる点、沈黙して神を待つことを理想とする点では、修道士でも修道女でも同じである。

だが、修道女のほうがいっそう厳密に、心身ともに沈黙が課された度合いが高い。修道院からの外出は、たとえば巡礼という聖なる意志に動かされて欲するものであっても、修道女には禁止されていた。

男性の場合、聖アントニオスなど修道士の伝記において、女性の姿をとって誘惑してくる悪魔に、自ら必死に祈って打ち勝つという典型があった。

一方、女性の場合、自分の肉欲との葛藤と主体的な打破は長らく描かれず、修道院にこもって静かにしていれば処女性は守られるものと考えられた。

主体性とは男性が持つもので、受動性は女性が持つもの、とする考えが中世には根強い。花嫁とは当然のごとく、夫の所有物であった。

†マーキエイトのクリスティーナ

ただし、みずからの肉欲と戦う主体性を持つ女性も、盛期・後期中世に聖女の典型が多様化してくると見いだされるようになる。このとき、受け身であれと沈黙させられていた女性は沈黙を破ったのだろうか。

イングランドのマーキエイトのクリスティーナ（一〇九六頃～一一五五頃）は、肉欲と戦う姿が描かれる比較的早い事例である。

5-4　聖オールバンズ修道院の詩編集の冒頭Cの文字の箇所に、修道士たちと神とをとりなすクリスティーナが描かれている。1120～45頃

クリスティーナは高貴な家柄に生まれ、結婚相手もあてがわれるが、幼い頃からイエス・キリストの花嫁としての自覚を持っていたため、夫や親のもとから逃げ出して隠修女や隠修士のもとに身を寄せた女性である。

指導をしてくれた隠修士が亡くなってしまうと、後半生では、聖オールバンズ修道院の修道院長ジエフリーと霊的友情（愛情）のもと、幻視をつうじて修道士たちに助言をおこなった。ただ、そうした役割は、伝記作者の修道士と院長ジェフリーがとくに強く望んだもので、ジェフリーの死によって伝記は未完で終わってしまう。

院長ジェフリーのもとには男女の霊的友情や、女性の助言に頼ることに批判的な修道士もおり、内部分裂があった。その批判に対し、クリスティーナの聖性を伝え、関係性を擁護するために伝記が書かれたのである。

クリスティーナ自身はとりたてて聖オールバンズ修道院のみに傾倒したわけではないようである。ともかく、この伝記は、書き手の修道士と院長ジェフリーの思惑を読み取れる史料である。

以下、男性が女性に対して、いかに受動性と沈黙を課したのか見てみよう。まず、はじめのほうは父親の支配権のもとに受動的であることが求められている。

夫や親のもとから逃げ出す前に、夫が寝床を訪れたさい、結婚しても貞節を保つようにクリスティーナが夫を説得しようとする場面が何度かある。

そうした姿勢は、家柄ゆえに異教徒と結婚したものの、夫に貞節を言い含めて改宗までさせた聖セシリア（二世紀頃）など、聖女の典型の流れを汲んでいる。沈黙を破り声を発しているが、すでにある聖性の典型に沿ったものなのである。

夫は気の弱い、いい人のように描かれており、言うことを聞いてくれそうなのだが、むしろ父親が強固に夫婦間の交わりをすすめる。

酌をさせて酔わせ、良いところで合図をして召使たちを去らせて二人きりにして早く夫婦の交わりをさせようとしたり、クリスティーナが寝静まったすきに夫を呼び寄せて早くすませろと言ったりする。

さらに父親は、結婚してもなかなか夫婦の交わりをしないことに対して、うちの娘は教会法違反ではないか、と近くの聖職者に相談に行くことさえする。

聖職者ははじめ「女性の性根の悪さ」を疑っており、クリスティーナが肉体関係を許さないのは「より裕福な男と結婚するためだろう。キリストのために処女を守りたいなどとなぜ言えるのか」と問う。

クリスティーナは、「キリストこそもっとも豊かな方だからです」と答え、「ふざけているのではないぞ。本当により豊かな男と結婚する気がないのなら、王とでも結婚しないと誓え」と言われる。すると「誓うだけではなく、この手に熱く燃える鉄を持って証明することもできます」と応酬する。

声に出す言葉がそのまま力を発揮し、また、誓いがとても重要な役割を果たした中世らしい逸話である。

イエス・キリストが人間の男性たちと並んで現実の夫候補のように語られていて、彼女にとっては誰よりも豊かにしてくれる花婿であるのに、聖職者はよく理解していないのが面白い。

聖職者の富の蓄積と腐敗が問題となったのは、イングランドでもおなじで、霊的な豊かさを理解しない人物として描かれているのである。

女性への悪口はほかの箇所にもある。クリスティーナは結婚相手をあてがわれる以前にすでに、神の花嫁となることを決めており、スエノという年老いた聖職者の立ち合いのもとに処女の誓いをおこなっている。

だが、その後に司教ラルフという愛人を幾人も囲う悪しき司教に、あらたな愛人にすべく狙われて逃げ、逆恨みされ、結婚相手を親経由で紹介されてしまうのである。スエノの耳にクリスティーナが結婚したという噂が届く。

それに対し、スエノは「女性らしい変わりやすさ」で、自分をあざむいたのだと信じ込んでしまう。女性が柔らかく流されやすい、だから意見も変えやすいといった当時の価値観がよく表れている。

この誤解は解けて、スエノは、自分のほうに信心が欠けており、クリスティーナが貞節であったことに対し、「自分の胸を叩きながら嘆き始めた」という。

仲直りのための機会をもうけてくれるように頼み、それがかなうと「両手を上げては顔を覆い、涙があまりにもあふれ出し彼の手から零れ落ちた。そして神に呼びかけ、ほかのどのようなことよりもこのおこないを悔い改めた」。

二章や三章で見たような、嘆きの激しい身ぶりが出てきている。罪のゆるしを乞うにさいしては修道士も平伏したのでその系譜と考えられるが、あふれるばかりの涙は一二世紀の伝記ゆえに感情が霊性に織りこまれているためかもしれない。

スエノは敬虔な聖職者であり、クリスティーナの最初の霊的指導者として描かれているので、当時の修道士のおこないに近い。普段は沈黙と祈りに伏すとして、誤ったことをしてしまったときの贖罪のさいには声と涙、身ぶりを惜しみなく用いるのである。そうした善き人が女性に対しては、本性への悪口のようなことを言っているわけである。

このあと、クリスティーナは世俗の結婚から逃げ出し、隠修士のもとで過ごした。寒くても上着を羽織る身動きをとるスペースすらない狭い部屋で、彼が帰ってくるまで一歩も外に出ずに祈りに専心する修行をおこなう。肉体が弱ってしまうが、神の加護で元気を取り戻し、聖女としての道を歩み始める。

†肉欲との戦い

肝心の肉欲との主体的な戦いが描かれるのは、この修行のあとである。すでに聖性のうわさが広まっていたクリスティーナは、霊的にも世俗的にも徳の高いとされた聖職者のもとに身を寄せる。だが、少し経つとその聖職者が肉欲に負けて迫ってくる。この聖職者の名前は伏せられている。

隠修士のもとで修行し、ある程度聖性が完成されていたためにクリスティーナは、肉欲と主体的に戦う描写が許されたのではないか。

「彼女自身、このみじめな情熱と戦っていたにもかかわらず、賢明にも自分はその情熱から解放されているふりをした」

それにつづいて、相手の聖職者は時々クリスティーナを「女というより男のようだと言ったが、より男性的な資質を持つ彼女は、もっと正当に彼を女と呼ぶことができたかもしれない」と述べられている。

「男のようである」という言葉が、主体性を持ち、神の意にかなう理性ある行動ができるという意味で使われている。このときクリスティーナは、女性という性を超えた「聖人」として描かれているのではなかろうか。

しばらくすると、聖職者のもとに福音書記者ヨハネと、ベネディクトゥス、マグダラのマリアが現れ、これ以上彼女をいじめてはならないと諭す。

そのお告げに従い許しを乞いに来た彼を許すが、クリスティーナは相変わらず「昼も夜もひざまずいて祈り、泣き、嘆き、誘惑から解放されるよう懇願した」。クリスティーナの懇願も心身を用いた激しいものである。

さて、肉欲からの解放は、子どもの姿をしたイエス・キリストによった。

5-5　ミヌッキオ・ダ・シエナ『金の薔薇』アヴィニョン、1330。棘のない薔薇は、処女性を持つ聖母マリアをしめす

主は小さな子どもの姿をして、つらい試練を受けた花嫁の腕

の中に来ると一日じゅう彼女のもとにとどまり、感じられるだけでなく見られること
もあった。

クリスティーナには、イエスの花嫁としての自覚があったはずだが、処女を守りぬくことによって、聖母マリアに類する母としての資質も与えられたのである。「彼女ははかり知れない喜びをもって、あるときは処女の胸に彼を抱き、またあるときは、肉の障壁を通してさえ、彼女の中に彼の存在を感じた」。「その瞬間から、欲望の火は完全に消え去り、その後、復活することは決してなかった」という。

つまり、断食や徹夜の祈りで、心と身体をつくして神に祈ったところ、子どものイエスが触れられ、見られる形で現れたのである。このあとに、クリスティーナと霊的愛情に結ばれるジェフリーが出てくる。

ジェフリーはもともと大学人で、世俗世界からリクルートされてきた修道院長である。世渡りがうまく、着任後少し経つと周りの有力者の支持をとりつけて寄進を集め、修道院を繁栄させたが、奢《おご》って独善的となり、ほかの修道士の意見を聞かなくなる。そこで神につかわされたのがクリスティーナであるという筋書きになっている。

以上、クリスティーナは、当時の男性が必要とする女性のさまざまな性格や役割を順に演じさせられ、その役割に応じた声を発している。大学人として雄弁と傲慢の罪に陥ったとき、仲介者としての役割に長《た》けた女性が必要とされたのである。

それにしても、教会法に関する、夫イエスについての毅然とした自己主張の台詞が興味深い。処女を守るという型通りの聖性ではあるが、敢えて描き込んだのはなぜだろうか。

一二世紀は、もともと世俗の儀式であった結婚が、秘蹟として教会でおこなわれるようになりつつあった時代なので、現実に教会法との関係があれこれ論じられたことの反映かもしれない。

なお、基本的に男性の支配権のもとに置かれた女性の主体的に願う姿が、処女性を守ることに関してのみ描かれるのは、もっと時代が下るチョーサー（一三四三頃～一四〇〇）の『カンタベリー物語』の「騎士の話」における物言わぬ姫エメリーでもそうである。ギリシア神話の『テーベ物語』をもとにした文学作品ではあるが、天上的な美しさを持ち、いわば騎士たちにとっての褒美・戦利品として、終始主体性のない物のように描かれるエメリーが、競技場のヴィーナスに、どちらにももらわれたくない、生涯独り身でいたいと祈るときにのみ主体性と人間味が感じられるのである。

処女・寡婦・妻とはすべて男性との関係で女性を定義する言葉である。

女性は受動的に沈黙しているべきで、口を開くのは預言者としての場合と、男性が希望する仲介者などの役割としての場合だった。しかし、神の花嫁として処女性を守ることに関しては、まさに神とのつながりによって、沈黙に裂け目が生じ得たのである。

4 ベギンは沈黙を破ったか

†半聖半俗という希望

第四章に見たように、盛期中世には、社会に埋め込まれた教会組織のありかた、富と力を媒介とした存在基盤の矛盾に限界が生じた。

民衆たちの霊的欲求の高まりや異端が見られ、托鉢修道会士たちが出てくる。フランチェスコにせよドミニコにせよ、清貧と使徒的生活を実践している点で、その欲求にも応えるものであった。

そして、都市に巡歴説教師や托鉢修道会士が行き来するこの時期に、俗人たちにも、自らの仕方で清貧と使徒的生活を実践しようとする動きがあった。修道院には入らないが、ほかの世俗の人よりも厳しい清貧や禁欲を守ろうとする者たちで生活をともにしたり、訪問してともに祈ったりする緩やかな集団が生まれるのである。

都市では様々な家柄の市民が同じ空間にいた。俗人であっても高貴な家柄では、教会学校なり修道院付属学校なりに通わせてもらって読み書きを習うことがあった。俗人が習うことになっていた短い祈りではなく、聖書の詩編を、修道士のようにすべてでないにせよ読むことのできる人もいた。そういう人が、敬虔に生きたいけれど、学問を受ける境遇になかった人に、教えてあげるということが起きるのである。

都市社会で多様な職業が生まれる中で、相互扶助のための集団が形成されるのは、その都市の規模がまだそこまで大きくない場合、必然ではないだろうか。中世は国王がまだあまり強くない時代であり、社会保障制度も不完全なので尚更である。

そうした集団形成の流れの中の一つに、俗人同士で祈りを教え合うもの、子どもの教育や病人の世話という慈愛の業を分担するものが生まれる。

半聖半俗の生活である。

中世の人がそう名乗ったというより、あとから便宜的につけられた言葉だが、特徴が伝わる名称である。俗人が、決められた祈りのみに沈黙させられるのではなく、自ら聖なる生き方をめざした。その声が漏れ聞こえるようである。

修道士、修道女になるためには、修道誓願を立てねばならない。服従、清貧、貞潔の誓いを立てて、世俗世界での血縁関係をはじめとした人間関係を断ち、財産も放棄して修道院全体の共有とするのである。

半聖半俗の場合、修道誓願を立てておらず、戒律にも従っていないが、「修道士の習慣、そのうちの軽度のもの」をおこなう人たちとして認識された。半分だけ聖なるとは、半分は世俗世界に足を突っ込んだままということである。

その生き方をする人たちが近頃見られて、男性も女性もいたが、特に女性が目立つと年代記作者マシュー・パリス（一二一七～一二五九頃）は『大年代記』で述べる（第四巻）。男性の場合には説教師や在俗聖職者といった、世俗世界で敬虔に生きる仕方がすでにあったからであろう。女性には説教師や聖職者の道は許されていなかった。

とくにベギンと呼ばれる女性たちの活動が顕著で、修道誓願を立てず、織物業などの手仕事を続けながら、貧者や病人の世話をおこなった。清貧の実践としては簡素なベッドなど必要最低限の持ち物で暮らした。子どもへの教育や、集まって詩編を読むことをした。

ベギンには地域差があり、場所によっては、都市の中の都市のように発達する。ブラバント（現在のベルギー中・北部からオランダ南部にかけての地域）で最も発展し、基本的には北ヨーロッパのほうに多く見られる。

北イタリアではあまりベギンが見られない代わりに、フランシスコ会のうちの、俗人の身分のままの部門である第三会の活動が活発である。いずれにせよ、聖と俗の狭間でより敬虔に生きる生き方が見出されて行くのである。

巡歴説教師ヴィトリーのヤコブス（一一六〇／七〇頃～一二四〇）は、ワニーのアウグスティノ会の律修聖堂参事会で働いたときに、当地のベギンの生き方に感銘を受けて保護に尽力した。

ヤコブスが生きたのは、異端カタリ派の叢生《そうせい》する時代でもあった。カタリ派のうち、特に厳しい禁欲生活を送る完徳者には、女性でもなることができたため、女性信者も結構いた。南フランスの女領主がカタリ派を保護する場合も見られた。

そこで、ヤコブスは、カタリ派に惹かれる女性が、正統の範囲内でいかに聖なる生き方をできるかを、ワニーのマリというベギンの伝記を通じて伝えようとした。マリの列聖には成功しなかったが、ヤコブスは教皇からベギンの活動許可を得たし、教皇のもとで働いた人である。中世キリスト教世界の上層部を動かす人が、ベギンを沈黙の座から掬《すく》おうと奮起した。それだけでも十分に驚くべきことである。

ヤコブスは、マリの伝記の冒頭で、リエージュを中心に「聖なる女性たち」sanctae mulieres がいるのだ、と紹介している。なかには、いったん病気で死んだと思われ、死者ミサの途中で生き返ってきた激しい身ぶりをする女性（煉獄の魂の罪を肩代わりすべく、窯の火の中に身を投じるなど）など、実在性が疑わしい女性もいる。

だが、まさにその女性クリスティーナ・ミラビリス（一一五〇～一二二四）の伝記を、前章の最後で見た、トマ・ド・カンタンプレが著しているのである。トマはヤコブスの説教師としての弟子であった。

†説教師とベギン

当時の説教師にとって、こうした半聖半俗の女性たちは、まずは異端など教義の逸脱に人々が走らないようにするための模範の礎となった。

盛期・後期中世では教皇が列聖手続きを整備するため、列聖もされないのに「聖なる」という言葉はあまり用いなくなるが、ヤコブスは半聖半俗の女性たちに希望を見てそう呼び、トマもその流れに倣って数多くの伝記を著した。

トマにとって、伝記を著した女性の中でもリュトガルドは、告解を聴く仕事にまだ慣れていないとき、自分が人々を正しく導けるか不安で打ち明けると、「わが息子よ、あなたの居場所へ戻りなさい。魂を世話するという、なすべき仕事に専心しなさい」との言葉を授けてくれた、「母のような人」であった。

その言葉はトマの相談を受けたリュトガルドが熱心に祈った結果、リュトガルドの口から出たものである。リュトガルドは神の言葉を伝える器として役割を果たしている。

ただ、ひとつ興味深いのは、トマは半聖半俗の女性の伝記を数多く書いているのだが、リュトガルドはシトー会の修道女である。教皇庁からの列聖は同時代には叶っていないが、同時代にもある程度崇敬された女性である。

トマが成熟期に著した集大成とも言えるものがそのリュトガルドの伝記なのである。トマは、師のヤコブスと同じように、半聖半俗の女性を評価しつつも、やはり、公的に崇敬される聖女の型を尊重し、聖女は引き籠るのが良しと考えるようになってゆく。ヴィトリーのヤコブスは、半聖半俗の動きが見られ始めた当初であり、また、カタリ派が問題となっていた時期だったのもあって、かなり好意的に評価した珍しい人といえる。

半分だけ聖なる、という柔軟なあり方は、キリスト教と社会が密接に結びついた世界において、その呼吸を長く保つのは難しかった。

†正統と異端の狭間で

半聖半俗という柔軟な生き方の最盛期には限りがあり、中世終わりには、ベギンは徐々に救貧院や修道院に吸収されてゆく。女性は再度、沈黙の座に押し戻されるわけである。

修道女とベギンの違いを考えてみよう。

修道女たちは「服従」として女子修道院長に絶対の従順を誓うが、そもそも、修道女たちの集団は女性たちのみで完結するわけではない。告解を聴き、聖体を授けるなどの秘蹟をとりおこなうことができるのは、聖職者のみで、聖職者には男性にしかなれなかったからである。修道女は定期的な祈りや告解を重視したが、そのためには逐一、男性の助力が必要であった。

他方で、ベギンの主たる信心業である、『詩編』を教え合い、それを唱えることに、男性の関与は必須ではなかった。

既存の男性の権力がやや及ばない場所に集まったからといって、突然急進的な考えを生むわけではないが、政治的・社会的背景いかんで容易にベギンが敵視されうるのは予想できる。

†マルグリット・ポレート

マルグリット・ポレート（一二五〇頃〜一三一〇）というフランスのベギンは、おそらく口述筆記ながら自ら『無化せし（単）純なる魂たちの鏡』（以下、『鏡』としるす）を著し、異端として火刑に処された。

声を出したものの沈黙を強いられた女性であるが、その特異性とベギンなりの可能性について考えてみたい。

『鏡』は当時のフランス語で書かれ、焚書《ふんしょ》にされたはずだが保存されて、一四世紀のうちにラテン語や英語、イタリア語などに広く訳された。

ポレートの伝記的事実はほとんどわからない。異端の裁判に関わる史料の中で「十分な神学的素養のあるベギン」と呼ばれ、また、『フランス大年代記』で「マルグリット・ポレートと呼ばれる女司祭であるベギンがいた」等と出てくるのみである。

『鏡』には、アウグスティヌスやボナヴェントゥラ、シトー会のベルナルドゥス、サン＝

ティエリのギヨームなど当時の修道士や神学者が素養としたものの影響が見てとれる。そのためポレートはある程度の家柄に生まれ、教育を受けたと推測される。

とくにサン＝ティエリのギヨームは、『黄金書簡』の愛称で知られる『モン＝ディユの兄弟たちへ』の中で、ポレートの展開する魂と神の一体化、すなわち、創造以前の原初的な神に吸収され、合一されるまでの過程を述べており、影響関係がほぼ明らかである。『鏡』では魂が神へと近づき、一体化する過程が語られる。中世におなじみのアレゴリー文学の体裁で、〈理性〉（Raison）、〈愛〉（Amour）、〈魂〉（Ame）ら、擬人化された登場人物の会話で話が進む。〈愛〉（＝神）は、〈魂〉が合一をめざす対象である。〈理性〉は、〈愛〉たる神が教え、〈魂〉が導かれる道すじに付き添いながら、思い浮かぶ疑問をその都度訊ねながらついてゆく。意志と理性は、キリスト教で、神の似姿としての人間が譲りうけたもっとも重要な性質である。その性質を突き詰めるまで用いることによって、〈意志〉は欲求ともども無化され、〈理性〉も死滅する。

理性と意志が無化したときに、〈魂〉は創造以前の「単純な」無の状態を取り戻す。自分の限りない小ささを実感したとき、限りなく大きなものである〈愛〉たる神がそこにあることに気づく。そして、その〈愛〉とまったく区別がなくなっている自分を〈愛〉そのものとして見いだすのである。

こうして〈魂〉は、〈魂〉でありながら〈愛〉そのもの、つまり神そのものとなるので、何らかの規則や秩序に敢えて従おうとせずとも、自由にふるまう〈魂〉（〈自由な魂〉）となるのだという。

以上のあらすじからもわかるように、『鏡』は難解で理知的、哲学的な著作である。擬人化された登場人物が会話を重ねる形態は親しみやすいとは言え、抽象度の高い神学的議論を含む。

『鏡』が異端となった一因には、女性であるにもかかわらず、これほど高度な神学的著作を書いたから黙らされたということもある。そのほかにも、いくつかの政治的・社会的背景があった。

†『無化せし（単）純なる魂たちの鏡』の裁判

『鏡』は一二九六〜一三〇六年の間に、ヴァランシエンヌで司教コルミーのギーによって焚書にされ、「この本に含まれることをまだ敢えて広めようとするならば」「有罪とし、世俗裁判所に引き渡す」との通告を受けた。だがこのときにはポレートは黙らず、その内容を人々に説いてまわり続けた。
在俗聖職者たちの言うことを聞かなかったので再度訴えられ、一三〇八年末、異端審問官ギヨーム・アンベールの手にゆだねられた。一年半ほど監禁されたが、沈黙を守ったため、あらためて著作が異端裁判の対象となった。
審問官ギヨームは、パリ大学から二一人の神学者を集め、『鏡』から抜粋した内容を審議させた。神学者たちが吟味したのは一五項目あったとされるが、裁判の調書とギヨーム・ド・ナンジの年代記からはっきりと同定されているのは三つの項目である。

無化した魂は美徳に別れを告げ、もはや美徳には従わない。というのも、この魂はもう美徳を用いないからで、逆に美徳の方が魂の意志に従うのである。

そのような魂（無化して神と一体化した魂）は、もはや神の恩寵やその賜物を気にかける必要はないし、してはならないし、することもできない。なぜなら、その魂の注意はすべて、神そのものに向けられており、神にかんすることには向けられていないからである。

創造者たる愛の中に無化した魂は、良心による批判や呵責なしに、自らの自然な欲求を抱くことができるし、そうすべきである。

この三項目はすべて、〈魂〉が〈愛〉すなわち神と一体化したあとのことについて述べた箇所である。

この引用だけを読むと、魂とは、神のことなど気にかけず、自由気ままにふるまうものであるかのように思われるが、『鏡』はそこまでの過程を述べた著作であって、この段階のみを主張したものではない。

当時、魂が自由に行動できると考える自由心霊派と呼ばれる異端が実際にいた。自由心霊派は、その状態にこそ重きを置き、それは「完全な者」で信仰や希望を超越しており、神として崇めるべきであるなどと述べている。

ポレートは、完全な状態は肉体を離れてから完成すると考えており、その状態が崇められる云々といったことは述べていない。そのため、ポレートの言動のみが問題視されたというより、極端な思想の異端の排除のために、文言の一部が利用されたと思われる。

そのほか、異端審問の裁判が、国王と教皇、双方の権力者に権威の発動の契機として利用された側面がある。

異端審問がより激化するのは近世のスペインであって、中世のキリスト教会はイメージとは異なり、異端審問制度が初めて敷かれたカタリ派に対するとき以外には、やたらめったら異端を敵視し火刑に処したわけではない。

ただ、西方世界で異端が問題になり始めた一一・一二世紀当初からこだわっている点として、二度過ちに陥った異端は許してはならない、というものがある。ポレートは一度勧告を受け、再度つかまったので、厳しい対応を受けたのである。

異端に限らず、過ちに関してキリスト教には、一度で突っぱねない兄弟勧告の精神が強い。一度や二度はこっそり注意し、互いに奉仕するのがベネディクトの『戒律』にも明らかな精神性である。

アウグスティヌスの『異端について』（四二八年）は中世の異端対策の参照元であるが、そのなかで、注意してもなお、「頑固に」過ちに固執することが異端の主たる性質とされている。教義内容よりも、すぐに言うことをきかなかった頑固さが訴追につながったとも考えられる。中世で教会制度がかたまってくるほど、このような「不服従の異端」のケースは一般的となる。

なお、ポレートの裁判の少し前に、テンプル騎士団の裁判がおこなわれていた。異端の判決を決定できたため、ポレートのときにもほぼ変わらない面子が集められ、女性なのでより容易に判決を出せたという。

また、『鏡』の一節は、その後も半聖半俗の集団の訴追に都合よく使われた。その著作すべてが塵《ちり》とならなかったことはほとんど奇跡である。

†『鏡』の評価

ポレートの『鏡』については、擁護する男性の言葉も残っている。同時代のシトー会士フランクは、「この本が述べていることがすべて真実であることは、聖書によって確かに証明される」と述べた。

また、フランシスコ会士のジャンやパリ大学のゴドフロワ・ド・フォンテーヌといった人々も『鏡』の内容をみとめている。

だが彼らは一様に、自分たちですらついていくのが精いっぱいの高度な内容だと述べている。ゴドフロワは『鏡』を読むことで、その段階にまで達していない人たちが「決して到達しえない人生を切望してしまい、自分の救いを失う危険」があるとこぼしている。

以上から、マルグリット・ポレートとは要するに、たまたますぐれた学識を身につけ、高度な神学思想に至ったものの、不幸にも国王と教皇の権力争いや、自由心霊派というつかみづらい異端が存在した時代に生きたために、著作がスケープゴートにされ、火刑台の灰として沈黙を運命づけられた女性だったといえよう。

だが、そのようにまとめたとき、ポレートにはベギンらしい性格が薄いように見える。同時代のベギンには口述筆記で著作を残した人が何人かおり、彼女らは異端とはなっていない。地域差のせいもあろうが、著作の雰囲気が異なる。

愛たる神との合一を求める道すじを模索するのは、共通している。ただ、ほかのベギンの場合には、合一をめざす相手の神が人格的で、女性たちは、人間の男性に接するかのごとく神に翻弄されている。

ときに燃え上がるようで、ときに冷たく、
いまは臆病だが、突然大胆になる
〈愛〉（＝神）はなんとも気まぐれである

ときに優美で、ときに恐ろしく、
いま傍にいても、突然遠くへ行ってしまう
ときに軽く、ときに重い、
いまは暗いが、突然明るくなるのだ

（ハデウェイヒ『霊的抒情詩』）

ハデウェイヒは一三世紀のブラバントのベギンで、愛たる神への魂の思いをこのように表現する。また、一三世紀ドイツのベギン、マクデブルクのメヒティルトも、魂が神と一体化した喜びに浸るが、「この状態は長くは続かない」「しばしば暇乞いもせず別れてしまう」と切なそうに語る。

ポレートの『鏡』では、〈理性〉があれこれ口をはさんで嘆くなど感情の起伏は見られるが、〈愛〉たる神は、ほかのベギンが語るように気まぐれで間歇《かんけつ》的に現れる恋人ではない。自らの進む道すじの先に、必ずや居てくれる存在である。

では、ポレートは、ベギンらしくない、特殊に知的な女性だったのだろうか。

†ポレートの声

『鏡』に〈愛〉たる神にうっとりしたり、翻弄されたりする箇所がないわけではない。その段階についても、合一にいたる全体の道すじの中に位置づけて説明されている。

ポレートは、中世のほとんどの神秘家同様、はじめから秩序だてて道すじを叙述してはいない。だが、まとめとして参照できる章がある。

『鏡』の第一一八章では〈魂〉そして〈自由な魂〉が、自らのたどる七つの段階について語る。第一段階で〈魂〉は「神の法」のもと、「死ぬまで神の命令に従う」ようになり、罪をおかすことがなくなる。

ここに〈罪の死〉が実現する。つまり、自らキリスト教の教えに従うために、悪徳とされることなどおこなわなくなるのである。

第二段階では、〈魂〉は人間の本性を無化して欲求を捨てることで、「富、快楽、名誉を軽蔑し、福音書の教えを完全に達成しようとする」。ここで〈本性の死〉が実現するという。第三・第四段階も〈本性の死〉にはとどまるが、この第四段階でうっとりする状態が見いだされる。
さて、この第四段階にとどまってしまう魂が多いことについて、〈自由な魂〉は愚痴をこぼすのである。

あぁ！　このときの魂が歓喜していたとしても不思議ではない。なぜって、〈優美な愛〉（Gracieuse Amour）が〈魂〉ぜんたいを酔わせているのだから。〈魂〉はこのときこの〈優美な愛〉の声しか聞こえない。〈愛〉がそうする力を享受させてくれているのだ。そして〈魂〉は、自分の今の段階のことしかわからなくなっているだろう。なぜって〈愛〉があまりにも明るいから目がくらんでしまい、その愛のほかには何も見えないようになってしまっているからである。だがここで、〈魂〉は間違っている。だって、この世で、神がみとめた段階はあとふたつあるのだから。そのふたつの段階のほうが、もっと偉大でもっと高貴なのだ。

このとき「〈愛〉は、その愛の甘さと喜びによってたくさんの魂を惑わしている。魂が愛に近づくや否や、〈〈愛〉は〉その甘さと喜びで捕まえてしまうのだから」と述べる。しかし、そこにとどまることは、〈理性〉が統治する「小さな教会」にとどまることを意味し、進むべきは、〈愛〉が統治する「大きな教会」の方であるという。

神との合一にうっとりしているとき、理性など放棄されているように思われる。ポレートは、そのように受身的に理性を失った状態は、神との合一ではないと考えているのである。理性の放棄のためには、理性を徹底的に用いる必要がある。そこで、愛たる神に触れうっとりとしているときにも、神の存在そのものを見つめる姿勢を崩さないのである。

理性の死については、別の章で述べられている。

〈愛〉：この〈魂〉は〈美徳〉の婦人であり、〈神性〉の娘であり、〈賢明〉の姉妹であり、〈愛〉の花嫁である。

〈魂〉：もちろんである。さて、これが理性にとっては最良の言葉だと思われる。だが、それでも素晴らしくはあるまい。もう理性にはここからほとんど時間が残っていないのだから。だが私について言えば、私はいまも存在するし、間違いなくずっと存在するだろう。なぜって、〈愛〉には始まりも終わりも限りもなく、私は〈愛〉でしかないのだから。だから、どうして〈愛〉が私の持ちものであろうか？　そんなことはあるはずがない。

〈理性〉：痛っ、ぉぉ！　どうしてそのようなことを敢えて言うのか？　私にはどうにもそれを聞く気概がない。じつは、あなたの言葉を聞いて気が遠くなってゆくのだ、〈魂〉よ。私には気力がない。命がない。

〈魂〉：（……）なぜって私はあなたに、愛によって傷を負わせ、死に至らせたのだから……ほら、ここで〈理性〉は死んだのだ。

（第八七章）

こうして第五段階で〈魂〉は、「神はそうあるところのものであり、そこからあらゆるものが存在を導きだす源である」と認識する。この認識は、「神なる光の横溢」によってこそ可能になり、〈精神の死〉が実現する。〈魂〉はあまりにもちっぽけな、悪の性質を持つものであるとする認識に達したとき、逆説的に、あまりにも偉大な善そのものの神と一体化した自らを見いだすのである。このときの〈魂〉は「一切にして無である」。

第六段階では、〈魂〉が自らを見るのではなくて、もはや、神が〈魂〉において自らを見る。「神は自身において、魂において、魂のために、魂なしに、自らの姿を見る」。第七段階では永遠の栄光にあずかることができるとされるが、この世の肉体にあるうちは、この状態をよく知ることはできないという。

以上、『鏡』が語るのは絶対者との合一に向けた道すじであるが、擬人化した登場人物のダイアローグから、言葉をたたみかけて聞き手にわからせようとする雰囲気が伝わるのではなかろうか。ポレートの魅力と特質とは、かようにテクストを通して教える者であろうとする姿勢にある。そしてそれはまぎれもなくベギンらしい特徴である。

声をとおして教えあい、「なぜ？」「どうして？」「つまりはこういうこと？」と問いかけと言い換えを重ねる仕方は、出自がまちまちのベギンたちの間で日常的におこなわれた。ポレートに学問的素養があったことは疑い得ないが、それを生かす過程の声そのものを著作としたのが『鏡』なのである。

教え説くことをやめるように言われてもやめず、否定するよう幽閉された最後に沈黙したのは、生きざまをとおして自分なりに見いだした声を、死滅する間際の理性のように、最大限、表現し終えたからだろう。

*

本章では、処女としての聖性イメージおよび、その守り方と、盛期中世以降の都市世界に見られる半聖半俗というあらたな生き方に着目した。ベギンのような生き方は、一時的にせよ、沈黙に伏されがちな女性により多くの声の機会を与えた。

伝記の場合には、作者の説教師なり托鉢修道会士なりが聞きたかった声のみが抽出されたかもしれないが、盛期中世を動かす彼らが器としてでも、女性神秘家を切実に引っ張り出さねばならなかったところが重要である。

互いに教え合い、また、テクストをとおしてその過程をあらわしたマルグリット・ポレートは、その生き方を全うしたとき沈黙に伏した。だが、そのこだまは『鏡』を好むのちの時代の人々にたしかに響いている。

意志や理性を無化して創造以前の状態に戻ることで、魂と神の一体化を感知するポレートの仕方は、エックハルトなどののちの男性の思想家におそらく影響を与えている。

ベギンの教え合いは、権威・権力への接近が制限されているために、誰も権威にならないがゆえの横のつながりによるものである。その仕方は声でおこなわれたため、文字の形に残らず消えたものが多いなか、ポレートの著作はそれを伝える貴重なものなのである。

盛期・後期中世の都市世界が、それまで沈黙の座にあった人たちに声を発する契機を与えたのは、神への欲求の強い霊的な女性にかぎらない。
次章では、さらに俗人たちに目を向けてみたい。

第六章

沈黙から雄弁へ

初めてイェルサレムで泣き叫んでから、彼女はしばしば泣き叫ぶようになり、ローマでも泣き叫んだ。（……）

神が彼女を訪れた。あるときは教会に、あるときは町中へ、ある時は部屋へ、ある時は野原へ。神が彼女を訪れたいときに泣き叫ばせた。彼女には決して、いつ何時（神が）やって来るのか、わからなかった。そして、（やって来たとき、）深い愛のおおいなる甘美さと高みの観想とをもたらさずにはいなかった。

『マージェリー・ケンプの書』二八章

1　俗人の声

祈る人、戦う人、働く人の三つ目、最下層の農民たちは「文字を知らない者」illitteratus とも称され、聖書を読んで神学的な議論をおこなうことができないばかりか、正しい教えもろくに理解できていないとさげすまれた。

6-1　ともにはたらく農民の男女、豚に餌をやるために木の実を集めている

実際に、俗人、とくに最下層の農民たちには単純な祈りが定着するまでにも時間がかかり、キリスト教とは異なる歌を唱え続けることもあったであろうことは、第四章にも見たとおりである。

だが、盛期中世以降、農業生産力の高まりや、都市の発展によって、半聖半俗の生き方や、あるいは兄弟会といった新たな集団が見いだされた。腐敗した聖職者を批判し、清貧を実行するフランチェスコやドミニコが活躍した社会では、俗人たちは無知な者として無

6-2　肉屋が動物の肉をさばき、パン焼き職人が丸いパンを持って焼きに行こうとしている

視されたのではなく、もはや、教え導くべき存在として中心にいたといえよう。

「働く人」の中身が多様になると、その枠を越えて上昇することもありうるようになった。富裕になった農民の中には、騎士など上の階級の家に子供を嫁がせることもあった。

また、都市に移り住んであらたな職業につく者もいたし、「文字を知らない者」の名前を返上するがごとく学問を身につける者もいた。

都市の新興社会層に商人がいるが、商人は取引のために読み書きや計算がある程度必要であり、そのための必要最低限のリテラシーを身につけたとされる。

こうして知恵を身につけた俗人たちが、従来、自分たちよりも上層におり、知恵も美徳も優れていると当たり前に信じられていた修道士や聖職者、あるいは聖人について、愉快にからかう類の物語が出てくる。

†ファブリオと都市社会

盛期・後期中世の都市社会ならではの物語に、ファブリオと呼ばれるものがある。フランドル、パリ、ノルマンディ、ピカルディー、オルレアンなど、いずれも商業活動で名を成した場所が舞台となった。一行八音節で、二行ずつ最後の音節が韻を踏むように書かれた短いもので、「中世の落語」とでもいえるものである。

ファブリオとは、ファーブル（お話）の指小形《ししょう》「ファブロー」のピカルディー方言形がもとになった名称である。およそ一五〇篇のうち、約六〇篇では作品そのものがファブリオと名乗っている。ジャン・リュトブフなど作者がわかるものもあるが、ほとんどは逸名《いつめい》作者である。

作者はかねてからの文字をあやつる人である聖職者か、それを希望しつつも定職につかず都市を放浪する学僧である。

学がある書き手は、自らの仲間をおかしく揶揄する。

たとえば司祭が主人公のファブリオで、富の蓄積や愛人との情事に心をくだく様子をからかい、わざとたどたどしいラテン語を喋らせる。ラテン語の修得すらそっちのけで、世

6-3　都市のタヴェルナ。ワインやビール（セルヴォワーズ）を仲間と飲んだ

俗的な欲にまみれていることをしめす。そして話の末尾には、立派なラテン語で説明を付け加えるのである。

†『弁舌で天国を勝ち得た百姓』

あるいは、学問を身につけ、口が達者な農民が堂々と主役を張ることもあった。『弁舌で天国を勝ち得た百姓』と呼ばれるファブリオである。

我らはものの本で見た、
ある百姓の身に起きた
世にも不思議な出来事を。
この男は金曜の朝に死んだ。
これは滅多にないことだが、

この男が息を引き取って、
魂が肉体から離れるとき、
天使も悪魔も来なかった。

（『弁舌で天国を勝ち得た百姓』新倉俊一訳、以下同）

百姓の魂が空を見ていると、べつの魂を天国に運んでいく大天使ミカエルがいたので、百姓は天国に行くためについていった。天国の門番は聖ペテロであり、運ばれてきた魂を受け取って見送ったあと、百姓の存在に気づく。

誰に案内されたかと尋ね――
「裁きで許された者でないかぎり、
ここに泊めてもらえる場所はない。
それになにより、聖アランにかけて、
我らは百姓ごときを歯牙にかけぬ、
元来ここは百姓の来る所に非ず」

聖ペテロともあろう者が、堂々と農民蔑視の言説を展開している。農民（百姓と同義）は生まれが卑しいために、創造の秩序に照らせば徳も聖性もあまり分け持っていないと考えられていたからである。だが、ここで百姓は黙っていない。

「あんたぐらい卑しいのはいないね」と、魂が言う「ご立派なペテロ旦那。あんたはいつも石よりも冷酷だった。聖なる主禱文にかけ、あんたなんかを使徒にするとは、神様もどうかしてた。（以下略）」

ペテロという言葉は、普通名詞では石や岩を意味する。聖書において小さな石は、全キリスト者にとっての家である教会の一部をなすものと解釈される。だが、ここで百姓は聖書の知識を前提としつつ、敢えて石のもつ異なる性質、硬くて冷たいというものにすり替えて揶揄しているのである。

主禱文は下層民も覚えて唱えた短い基本的な祈りで、「～にかけ」というのは、神の前の誓いが効力を持った中世社会の性質をパロディ化している。このあともペテロへの抗議が続く。

ペテロは何も言い返せず、「恐ろしく恥じ入り、大急ぎでそこから立ち去る」。学がなく中世の間長らく沈黙させられていた百姓がまくしたてて、聖人の中の聖人である使徒ペテロが黙らされているのが面白い。

このあと聖トマスという使徒も加勢する。イエスが復活したさい、半信半疑の様子だったため、脇腹に手を入れて生きていることを確かめるように言われた人物である。確かめるまで信じなかったところを、信心の足りなさとして百姓に揶揄される。

さらに、聖パウロも、初めての殉教者聖ステファノの訴追に関わったところを指摘され、言い負かされてしまう。

聖ペテロと聖トマス、聖パウロは百姓と連れ立って神のもとに訴えに行く。

聖ペテロは正直に、百姓に

恥をかかされた経緯《いきさつ》を語った――
「言葉で私たちを論破しました。
私自身がまことに赤面の至りで、
この話は二度と口に出せません」

聖人たちが恥じ入って沈黙を余儀なくされているのに対し、百姓は神を前にしても、ぺらぺらと喋り続ける。

天主様、公平なお裁きがもらえれば、
連中なみに、ここに住んで当然ですよ。
俺、あんたを知らないと言ったことはない、
あんたのお体を疑ったこともないや、
一度だって人を殺やめたこともないね。
けど、連中は昔それをみんなやって、
いまはのほほんと天国に納まってる。

（中略）

「あんたの言葉に楯突かせてもらいます、だって、間違いなく認めたでしょうが、ここに入る者が出ることはない、と。この俺に嘘をつかないでくださいよ」

基本的な聖書の教えを身につけたうえで、もっともらしいことを次から次へとまくしたてている。

「百姓」と、神が言う。「わたしが認める。言葉によって天国を求めた者がまこと見事にこれをかち得た。そなた、習わぬ経をよく読めた。言い分を巧みに述べる術を心得ておる。大した弁舌のふるいようではないか」

こうして神が百姓の言葉に納得して一見落着、百姓は天国に居座ることをゆるされるのである。

百姓は格言を地でいった——
不当な要求をしながら、
弁論で獲得する者多し。
悪企みは正義をねじ曲げ、
偽りは本性をねじ伏せた。
正義は直行、不正は間道伝い。
なべて力より知恵を絞るが勝ち。

ことわざのようなよく知れ渡った格言で締めて、「おあとがよろしいようで」というわけである。

聖職者の腐敗は、その聖性の模範である聖人すらからかう、このような作品の形にも開花したのである。

書き手は揶揄される聖職者本人とおなじ階層の者たちである。当時上昇してきた農民たちの皮をかぶりながら、持てる知恵をふるってガス抜きをしているのである。

農民たちは利用されていて、彼ら自身の、沈黙を破った声ではない。それでもこうした物語を聞かされたら（中世文学といっても中世の間は、黙読の読書はそれこそ高い家柄の人々にかぎられ、ほとんどが身ぶりとともに演じつつ朗読された）、良い気分になったことだろう。

神のもとには沈黙し祈るのがよいとされた中世社会で、弁舌で神を納得させる物語が生まれたのは新たな機運に思える。

ファブリオの著者には、学のある聖職者の中でも、定職なく放浪した人が多かった。遍歴学生（ゴリアール）も顔を出すのが後期中世である。大学ができて、学問がより開かれると供給過多となり、学問を使ってもすぐには職を得られず居酒屋や女遊びに転々としながら、都市を放浪する若者が増えるのである。

また、ドミニコ会士は学問をも説教の手腕に生かしたが、なかには取得した学位と学生身分の特権のうま味に、期限を更新すべくいくつもの都市を巡歴する者もいた。騎士についても同様で、叙任式を経て晴れて騎士となっても、すぐに特定の宮廷に就くことができず、非常時にのみ雇われて各地を転々とする若い騎士が出てくる。

ファブリオのほか『狐物語』や『結婚十五の歓び』、『ティル・オイレンシュピーゲルの愉快ないたずら』（いずれも岩波文庫で邦訳版がある）など、盛期・後期中世の風刺のきいた面白い文学作品の著者はたいていこの階層である。

†『オルレアンの町人女房』

ファブリオは、中世社会で長らく沈黙した女性たちをも主人公とする。したたかな妻が愛人関係を通して、夫をぎゃふんと言わせる話に事欠かない。

たとえば夫が留守の間、若い放浪学僧を招き入れて小遣いを握らせ、また送り出す。勘づいた夫が、放浪学僧のふりをしてフードをかぶって待ち合わせ場所に現れると、妻は数歩で気づいてしまう。「相手の策略を見破ったからには、今度は騙し返してやろうと思う」

そして妻は、小間使いや給仕、下僕、貧乏人など家に出入りする人々を集めて食事を振る舞ったあと、日頃情事を迫って来る放浪学僧に罰を与えるていで、放浪学僧に扮した夫に対し（他の人は放浪学僧だと思い込んでいる）、みんなで仕返しをしてほしいと頼む。

あいつに仕返しをしてくれたなら、
ここにある極上ぶどう酒を一ガロン、
私からあなたたちみんなにあげます。
上の部屋のあいつのところへ行って、
棒で思いっきり殴りつけてやって、
転がしても、立たせたままでもいい、
たっぷり痛い目にあわせてやるのよ、
まともな人妻を口説くような料簡を、
もう二度と起こさないように！

（『オルレアンの町人女房』新倉俊一訳、以下同）

放浪学僧のふりをしている夫は、突然の召使たちの乱入でめった打ちにされ、身体がぼろぼろになる。だが、妻が貞淑な心を持つことがわかり（騙されている）、身体とは裏腹に晴れやかな気持ちで逃げ出す。

そして、夫はたまたま怪我をして帰ってきたよき亭主を演ずる。もう妻を疑うことはない。一方で、妻が放浪学僧との逢引をやめることはついぞなかったという。

妻が騙し始めるくだりに、

女は巨眼巨人《アルゴス》さえも出し抜いた
アベルの時代から、賢人たちも
女たちの悪巧みに騙されてきた。

とある。イヴに連なる罪深い女性の典型であるが、したたかな女性像でもある。
次に、ファブリオの農民や妻にも似て、あれこれと自己弁護や自己定義を試みながらぺちゃくちゃと喋り、「聖女」として描かれたふしぎな女性を見ることにする。

2 都市のしたたかな「聖女」？

†マージェリー・ケンプ

都市世界の新興階級である商人の家柄に生まれたとされ、ファブリオに描かれたさきの農民と同じく、これまで沈黙させられていたとは思われぬほどによく喋る女性もいた。それも、神のもとに召し出された女性である。

結婚したあとのことを二〇年ほど経ってから口述筆記させた「自伝」、『マージェリー・ケンプの書』(以下、『書』とするす)が残っている。

マージェリーは裕福な商人階級で、イングランドのビショップス・リンの市長になった人物の娘ではないか、とされるが、実際にいた特定の女性である確証もないとする見方もある。

『書』のほかに、マージェリーを伝える史料がないのである。だが、当時のイングランドの聖職者のことが書いてあり、都市社会の様子も映し出されているので、やはり都市の在俗聖職者が書いたのかもしれない。

†文字の人の声

『書』は口述筆記でマージェリーが語ったもの、ということになっている。

最初の筆記者はおそらく息子で、息子が亡くなってしまうと、続きと完成を信頼のおける司祭に頼んだという。

だが、その司祭は、残された聞き書きのメモの字が汚くて読めなかったのでやる気が出ず、しばらく放置する。ある日、もしかすると聖なる女性かもしれないと思い直し、改めて見てみたらすらすら読めたという。筆跡への愚痴に、文字の人の声が読み取れる。

本を書き写すことは中世において、修道士の大切な手仕事であった。都市では学生が増えて教科書的なテクストが大量に必要になったために、給料をもらって渡されたテクストを書写する写字生がいた。

写本の隅やきりのいいところに、書き写し終わったことの労苦への愚痴が溢れることもある。また、書き写しながら勝手にコメントを加えたり、知っていることで改変したりもする。

四章に見たアンセルムスの祈りへの改変もそういうことである。中世の「文字の人」たちはけっこう自由に頭に想起したことを形にした。

マージェリーの『書』についても、記述通り女性が口頭で語った伝記にせよ、男性が一から著したにせよ、文字の人の声が多分に入ったものであると考えられる。まずはその声に耳を傾けてみよう。

†マージェリーと夫の人となり

マージェリーは二〇歳頃に結婚すると、夫の生業を手伝うのみならず、多額の持参金を用いて自ら醸造業（ビールづくり）を始めた。一時は繁栄するが、経験がなかったために三、四年で大きな赤字を出してしまい、業務をたたむことになる。

6－4　魚屋の様子。マージェリーも、商業に積極的でもうけようとした女性として描かれている

夫にゆるしを乞い、今度はうまくいくからと二頭の立派な馬を買って製粉業を始めた。だがこれも長続きしない。

マージェリーは基本的にあまりへこたれず、気が強く自尊心が強い女性として描かれる。それに比べて夫はやや気が弱く、穏やかな人物である。

マージェリーは二本の角めいた飾

りがついた流行りの髪飾りをつけてみたり、豪華な裏地の衣服を身にまとったりしては、良い血筋を周りに認められちやほやされることを好んだ。周りの人が自分よりいい服を着ていると、悔しくて我慢ならなかった。

そういう身なりはやめたほうがいいと夫が何度か注意すると、マージェリーは「誰が何と言おうと」「身内の名誉を守るような服装をしなくてはならない」と思い込んでおり、そのようなことを言うならばあなたは私と結婚すべきではなかったと言ってのける。つまり、裕福な家に生まれ、沈黙とほとんど無縁な世俗世界に生きる無邪気で勝ち気な女性なのである。何度か回心を経験しイエスの声を聞く一方で、俗的な生き方を完全に放棄することはない。

†初めての危機

マージェリーは夫との間に一四人の子どもをもうけたが、一人についての記述しかない。その一人目は難産で苦しんだ。あまりにも調子が悪くほとんど寝たきりになり、持病(具体的に何なのかは不明だが)も悪化の一途をたどった。

そこで、もう死ぬかもしれないと思ったとき、これまで胸に秘めていた罪を告白することを決心する。

だが、このときの聴罪司祭があまり頼りにならず、隠してきた罪を全部言い終わらないうちに「彼女をきつく咎めはじめた」。それでかちんときた彼女は、「彼が何をしようと、もう何も言うまい」と思ったという。

やがて、隠した罪を告白できなかったことによる心のしこりがマージェリーをむしばみ、産後鬱のような症状が悪化してしまう。

そこで、自分を痛めつける悪魔たちを眼前に見る。


　このとき、彼女が言うには、彼女は次のように思ったという。つまり、悪魔たちが彼女に向かって口を開けていて、その口は炎を吹き出していた。まるで彼女を飲み込まんとするかのようだった。時には彼女にとびかかり、時には彼女をおびやかして、時には彼女を引きずり、あるいは引っ張り回した。夜中も昼間も、である。（第一章）

さながら異界探訪譚の煉獄《れんごく》や地獄で罰せられる罪人である。

異界探訪譚とは、地獄や煉獄、天国を生きながらにして巡った人（多くは修道士）の語る物語である。死後世界への関心は聖書の成立時にまでさかのぼる（旧約聖書偽典の『エノク書』（紀元前一七〇～一三〇頃）等）が、より長い異界探訪譚は一二・一三世紀により多く書かれ、修道士にも俗人にも語られることで贖罪観念の定着に一役買った。

そうした逸話を日ごろ耳にして脳内に浮かべていたために、心身の弱ったさいに現実のもののごとく現れたのである。

このとき悪魔が「非常におそれさせる声で叫んで」、キリスト教の教えと信仰を捨て、「彼女の神、その母親（聖母マリア）、あるいは天国にあらゆるものごと、よき業やあらゆる美徳、彼女の父親と母親、すべての友人」を捨てるように命じる。

弱っていたマージェリーは悪魔への恐怖心からも言われるがままとなり、罵詈雑言《ばりぞうごん》を声に出してわめきちらした。彼女はまず、悪魔の声（罵詈雑言）を伝える器となってしまったのである。

生来おしゃべりに描かれるマージェリーは、よくまわる舌を用いて罵倒を繰り返し、寄りつく（ように見える）悪魔と奮闘しながら、腕や皮膚をかきむしったり噛んだりした。

このような激しい身ぶりは、聖人伝のなかで聖人が治癒する悪魔憑きの身ぶりとしてしばしば見られるものである。「もっと深刻なことをしたかもしれないが、夫が監視役を雇って昼も夜もベッドに縛りつけたので、ひどいことにはならずにすんだ」という。マージェリーの様子に、周りの人々は彼女が「生きているかぎりは苦しみからは決して逃れられまいと考えた」。

†イエス・キリストの到来

だが、神からの恵みがもたらされるのである。

そして、あるとき、彼女がひとりきりで横になり、彼女の監視人がいないときに、われらが恵み深い主イエス・キリストが、ずっと信仰され、その名前が尊敬されていたあのお方が、必要な時には彼の僕を見捨てず、彼の被造物のもとに現れたのである。その被造物は彼を捨てたのであったが。（第一章）

イエスは「人間のすがたで」、それも、「人間の目に映るもののなかでもっとも優美でもっとも美しく、もっとも愛おしい（amiable）すがた」で、紫色の絹をまとってベッドの脇に座り、マージェリーをじっと見つめていた。

娘よ、お前はなぜ私を見捨てたのか。私は決してお前を見捨てなかったのに。

イエスがこの言葉を言い終えるやいなや、「彼女はたしかに、空気が澄んで光のように輝くのを見た」。イエスはゆっくりと天にのぼってゆくのである。

神を見捨てた、とは、悪魔の言いなりになったことを表しているのであろう。悪魔の器となってののしり声を上げたマージェリーは、イエス・キリストのおそらくは穏やかな声音の問いかけを聞くことによって救われるのである。

†激しい泣き叫び

マージェリーは回心を重ねイエス・キリストと幾度も会話するうちに、聖なる人の説教の場にいると、主題いかんにかかわらず、その人の聖性に神の業を感じて涙が止まらなくなるようになった。また、天国の音楽を漏れ聞くさいに、甘美さに泣き崩れたりもした。

涙と身体的な反応は随所にみられるが、受難のイエス・キリストの苦しみと結びつけて発せられる泣き叫びが、とりわけ激しいものとして述べられている。

念願のイェルサレムの聖墳墓教会への巡礼がかなったときのことである。

彼女はわれらが主の苦しみにあまりにも共感し、あまりにも苦痛を感じて、そのために死ぬかと思われるくらいに叫んだ。

これは観想(contemplacyon 意味としては黙想に近い)において彼女が初めて泣き叫んだことだった。

この泣き叫びの仕方はこのとき以来何年間もつづいた。誰にもどうにもできなかったので、彼女は多くの軽蔑と叱責を被ることになった。(第二八章)

黙想とは、受難のイエス・キリストのイメージなどを眼前に思い浮かべ、罵られ鞭打たれることの苦痛などに、五感を用いながら接近する仕方である。いっぽう、観想とは、魂において神に引き上げられて合一するなど、より霊的・精神的なものである。とはいえ神学者や修道士以外は、厳密に区別したわけではない。マージェリーは初めのイエスの幻視からもわかるように、身体や感情をとおした、黙想に近い仕方で神への道を進んだ。

イェルサレムで受難を幻視・追体験して以来、激しい泣き叫びの発作がたびたび起こるようになる。十字架を目にすることのほか、体に傷を負った人間や動物を見るだけでも、傷だらけのイエスを思い浮かべた。

子どもや馬などが何か悪さをして鞭打たれるのを目の当たりにすることでも、「主が鞭打たれて傷を負わされているように思った」という。

マージェリーが激しく泣き叫ぶことについて、悪魔憑きとみなす人もいれば、病気のせいだとか、ぶどう酒を飲み過ぎたせいだと考える人もいた。あるいはその発作が、人がたくさん集まる説教やミサで起こるために、人に見せびらかすためにわざとやっているのだと悪口を言う人もいた。

激しい号泣は、説教を聞きに集まった人の邪魔になってしまう。マージェリー自身、説教という聖なる言葉はぜひ黙って聞きたいので、人のいないところで泣かせてほしいと神に頼んだ。

だが、イエスは聖母マリアが子をなくしたときの悲しみを、マージェリーをとおして周りの人々に伝えるのが自分の意図であると説明し、その頼みを聞き入れてはくれなかった。

「それ（号泣の身ぶり）によって、男も女も、私の母が、私のために耐えた悲しみに対して、より多くの憐れみを寄せるようになる」。こうしてマージェリーは、イエスの言葉によって、神の器として生きることに納得する。

なお、激しい泣き叫びは、すでに聖霊に満たされた聖なる人たちには神の業としてただしく伝わり、彼らはマージェリーを愛し尊重したという。また、その泣き叫びでマージェリー自身は「深い愛の大いなる甘美さ」を感じ、より高い観想に至るのが常であった。

†神との合一

イエスの花嫁となることが、神と魂との神秘的合一につながるとする花嫁神秘主義は、シトー会のベルナルドゥスによる『雅歌』解釈（恋人どうしの愛をうたった『雅歌』を、神と教会や、あるいは神とキリスト者の魂との合一として捉える）で美しく開花し、ベギンをはじめとする女性神秘家の間でもしばしばみられた。

マージェリーの『書』にも結婚と合一の主題がみられるが、全体をとおしてイエスとさかんに会話をしているにもかかわらず、求婚してくるのは父なる神なのである。

サン・ジョヴァンニ・イン・ラテラノ大聖堂の奉献の祝日にローマの教会で、父なる神からの声を聞く。

娘よ、私はお前にたいへん満足している。お前は聖なる教会の秘蹟をすべて信じているのみならず、その秘蹟に精一杯与《あずか》り、とくに、私の息子が人間であることを信じ、息子のつらい受難にお前は心から共感しているからである。
（第三五章）

イエスと親しく話をしていることを、父なる神がほめている。受難のイエスを思って制御できない激しい泣き叫びに襲われ、周りに非難されることもすべて、神がみとめてくれているのである。

また、父なる神はこの被造物にこうも言った。「娘よ、私はお前が父なる神たる私と結婚することを望む。そして私はお前に私の秘密と私の助言を見せよう。お前は終わりなく私とともに暮らすのである」。そこで、被造物は魂において黙ったままで、それに答えなかった。
（第三五章）

普段はおしゃべりなマージェリーが三位一体の父なる神の声に押し黙る場面は、印象深い。「彼女は父なる神をたいそうおそれていた」からだという。

だが、それだけではなく、「彼女の愛、すべての深い愛情は人間としてのキリストに注がれていたから」である。父なる神と結婚したら、これまでのようにイエスと愛し合えないと思って心配したのである。

イエスに、父にどう答えたのか、父との結婚を望んでいないのかと問われ、マージェリーは「三位一体の第二格の神に答えられず、涙を流し泣くばかりであった」。

そこでイエスが、「父よ、彼女をゆるしてください。彼女はまだ若く、どのように答えたらよいのかじゅうぶんに学んでいないのです」と父なる神に呼びかけてくれる。

すると、父なる神がマージェリーの魂のなかで手を取って、息子イエスと聖霊、さらにはイエスの母、十二使徒のすべて、そのほか多数の聖人と聖処女を前に、結婚の誓いをおこなうのである。

「その被造物は深い愛情によってたくさんの涙を流した」。すると、「魂の中に三位一体が宿った」と述べられ、美しい香りや美しい旋律、あるいは白いもの（天使のしるし）など、天国の予兆がふつうに生きているときにも感じられるようになったという。

この婚姻は、父なる神と交わすやや異質なものではあるが、要するにはマージェリーの魂と三位一体なる神が合一したことをしめす逸話となっている。

†日常的に神を感じる

神と魂の合一は、巡礼のように身体ぜんたいでおこなう信心業よりも高度なものに思われる。だが、マージェリーは、イエスの人性に強く惹かれており、一方向的に神への道を求めたわけではなく、日常的に神を感じる生き方にこそ身を置きたいと望んだ。神はマージェリーの意図を汲んでいる。

娘よ、私がお前に語りかけるのを喜んで迎えてくれるとき、お前がどれほど私を喜ばせていることだろう。お前はいつも、心を込めてわたしを迎えてくれる。(第二五章)

マージェリーは、自分の罪深さを悔いて、神に泣き叫び訴えることも多いが、神の訪れを受け止めていることが神を喜ばせている。こうした、神の声を待つ姿勢は、修道士の神の前の沈黙に表されたものである。さらに、娘よ、この聖なる生き方は、苦行のために鎖や荒い生地の衣服を身につけるよりも、パンと水で断食するよりも、私の意に適っている。主禱文を毎日一〇〇〇回唱えても、お前が沈黙し（whan thu art in silens）、私がお前の魂において語る（speke in thy sowle）のを許すほど、私を喜ばせることはない。（第三五章）

沈黙の真逆にも見えるマージェリーにとっても、まさにその神からの語りかけを受け取るにさいして、沈黙が前提となっていることがわかる。沈黙の状態が『書』においても、神の前にふさわしい姿勢として描かれているのである。

断食や苦行、いたずらに数を重ねる祈りという俗人らしいものではなく、沈黙のなか神の語りを聞くという、「祈る人」に限定されていた仕方が、市井の罪深い生き方から回心したマージェリーに向かって開かれている点が新しい。

†マージェリーのお喋りと沈黙

『書』によれば、人間らしい五感を用いながらイエスの来訪を受け、夫との間の肉体関係を絶ち、イエスを恋人としたマージェリー。愛しいイエスと親しく語り合ったのち、父なる神から求婚され、沈黙で享受し合一へと向かう。

相変わらず激しい号泣の発作に襲われ、罵られつつも、聖母マリアの悲しみに周りの人が心を寄せるためであると神から言葉での説明を受けて納得する。素直で気ままな女性像である。

当時のイングランドではロラードという異端が隆盛していた。ロラードは、聖書を信仰の根幹とし、聖職者位階制度に疑問を持った人々である。敬虔な生き方をする聖職者の秘蹟しか認めなかったり、逆に、信心深い俗人ならば、そうした儀式をする力があってしかるべきだと考えたりした。

秘蹟はそのもので神の力の表れなので、どのような司祭がその儀式をおこなったのかには左右されないとみなすのが正統教義だが、ロラードの見解の方が素人にはむしろしっくりくる。

マージェリーは、聖所を回る道中や、カンタベリー大司教に会いに行く道すがら、富や虚栄心で腐敗した聖職者や家臣たちを遠慮なく注意している。そのようなことはやめないと罰が当たると指摘すると、毛皮のコートを身に纏《まと》った女性（おそらくそうした聖職者や家臣の愛人である）が出てきて「お前をスミスフィールドの焚刑場で火炙りにしてやりたい。

火炙りにする木切れを持ってくる。お前が生きているなんて残念だ」などとマージェリーを罵る。このとき「じっと立ちつくし、何も答えなかった。夫は罵りと悪態にじっと耐え、妻がこのように罵られるのを気の毒に思った」という。

この罵りは、マージェリーをロラードの一員と考え、異端への火刑の意味でも発せられている。よく喋るマージェリーならいくらでも応戦できそうなのに、言っても無駄だと思ったのか黙るのである。

いっぽうで、マージェリーはイエスに対しては何かと喋り続け、欲しい言葉を受け取ることを生きる糧にしていった。結婚して子どもを育ててから回心したため処女ではなく、そのことを気に病んで何度もイエスに愚痴をこぼすと、イエスが「ああ、娘よ、私はお前に何度言ったであろうか、お前の罪は赦され、私とお前は永遠の愛の絆で結ばれていると」と言ってくれる（二一章、二二章）。

都合のいい言葉を神に言わせるしたたかな女性像には、ファブリオにも近いものを感じる。神の声の享受には沈黙の姿勢が大切である、とする祈る人の理想をよく理解しながらも、無邪気にイエスの人間的な言葉と愛を引き出そうとするマージェリーの姿に、作者も読み手（聞き手）もすがすがしく思ったのではないか。

『書』はヨークシャーのカルトゥジオ会の修道士たちによって読み継がれたことが分かっているので、修道士の規範を理解した人が興味深く読んだのである。

修道院での読書には修養としての意味があり、瞑想のための訓練にもなったので、マージェリー単独では聖性の規範からの逸脱が多くとも、『書』全体が何らか「教える者」であった可能性は高い。

声と音の世界である中世で、書物は高価なもので一般の人が気軽に所有できるものではなかったが、家柄によっては「教える者」としての本に深く傾倒し、その内実に疑問を呈する女性もいた。

女性が、文字世界のつくる規範への沈黙を破るのである。次章に見てみたい。

第七章

沈黙を破る女

ひとりぼっち　どこにいても、どんなときでも
ひとりぼっち　歩いても、座っても
ひとりぼっち　この世のどんなものよりも
ひとりぼっち　誰からも見棄てられ
ひとりぼっち　つらくて　小さくなり
ひとりぼっち　しばしば　涙があふれる
ひとりぼっち　あなたがいないのに　生きのびてしまっているの

クリスティーヌ・ド・ピザン『百のバラード』より、バラード一一

1　教えること、そして愛

†母の教え

中世ヨーロッパにおいて、家庭内で子どもが幼い頃に、教える役割を主に担ったのは母親であった。

公の場や夫に対しては発言すべきではないと考えられた女性たちも、子どもに対しては沈黙を破ってしかるべきであった。母親が子どもにほどこした教えのありかたについて、騎士道文学『ペルスヴァルまたは聖杯の物語』の中のペルスヴァルが語ってくれる。

ペルスヴァルは強いが、教養が不足しているのが欠点とされ、聖杯を手にすることはできない。ペルスヴァルの父親は騎士で、争いに巻き込まれて早くに亡くなったため、同じ轍《てつ》を踏ませまいと、母親が森に引きこもって育てたためである（結局は騎士になってしまうのだが）。

ペルスヴァルはある日、木々が喜びにあふれる春に心が浮き立ち、狩猟馬に跨《また》がってこっそり遠出をした。

森に入って、馬に草を食べさせて休み、槍投げをして楽しんでいたところ、甲冑と槍、盾が木々にこすれてざわめく音、金属のきしむ音が聞こえた。ペルスヴァルはそれを悪魔の立てる音だと思って、母親の教えを思い出す。

「母上はおれに教えて、悪魔に出会ったら十字を切りなさいとおっしゃった」(『ペルスヴァルまたは聖杯の物語』天沢退二郎訳、以下同様)。だが、そのような教えは「どうでもいい」として、自慢の短槍で応酬してやろうと考えた。

ところが、いざ騎士たちが現れると、「兜はきらきらと輝き、そして白銀色や赤が、さらに黄金や藍や銀が、陽に映えてもえたつ」のが見えて、自分が間違っていたと悟る。


母上がおれに言われたことは作り話じゃなかった。天使というものは何ものより美しい。神さまを別にすれば、この世でいちばん美しいものと言われたのだ。いまおれが見てるのはきっと神さまだ。だって、こう言っちゃ申しわけないが、他の方々の美しさはその十分の一にも足りないんだから。

俗人はとくに美しさと聖性を素朴に結びつけた。だから宝石で飾られた聖遺《せいい》物匣《ぶつばこ》も、ステンドグラスも、熱心に崇められたのである。

また、天使と悪魔を二元論的に捉える仕方は、中世の神学者たちにきいてみればまぎれもなく異端であるが、民衆の中ではそう捉えられた。俗人の感性が文学作品に表れている。そして、その素朴な世界の切り分け方は、まさに女性の声によって子どもへと受け継がれた。

母と子の関係を説明するときに、すぐれた女性の模範は聖母マリアであった。7−1のアンテペンディウム（祭壇の台などの前の部分を飾った絵）は聖母マリアの生涯を描いたものの一部で、聖母マリアの母・聖アンナが教える様子である。

7−1　教える者としての聖アンナ（右）。1335〜40頃

年上の知恵ある女性

年齢が上でより賢い女性が騎士を導いた

7-2　ランスロとグィネヴィアの初めての口づけ

り、騎士の行く末を左右したりすることは、騎士道文学でしばしば見られる典型である。処女が聖性であった中世では若い女性ほどよいとされたが、この系譜では中年女性に望みがあった。

ランスロが敬愛するグイネヴィアもそうである。グイネヴィアは、ランスロの主君であるアーサー王の妻である。家柄もランスロより高貴で賢く、気まぐれでランスロを翻弄する。

『ランスロまたは荷車の騎士』によれば、当時の都市で、荷車は、罪をおかした人が引き回され見せしめにされるために用いられた。敵国の捕虜となっているグイネヴィアを助けに行くにさいしても、騎士としての誇りを持つ者ならば、荷車に乗るなどという選択肢は考えられない。騎士ガウェインは迷いなく断り、馬に乗ってついていく。

いっぽう、ランスロはグイネヴィアへの愛ゆえに早く行くために二、三歩躊躇してから荷車にすら乗るのだが、このわずかな躊躇にグイネヴィアはへそを曲げてランスロを無視するのである。

ランスロのグイネヴィアへの心身をつくす愛のありかたは、宮廷風恋愛として一二世紀以降に流行ったものである。宮廷風恋愛という用語は、一八八三年にガストン・パリスによって名付けられた。

†愛の中世

一二世紀よりも前、中世キリスト教世界の文字史料において異性間の愛は、とかくイヴとしての女性や肉欲、罪と結びつけられ、貶《おとし》められてきた。文字の読み書きを独占したのが、聖職者や修道士など宗教的な男性だったことも大きな要因である。

結婚して子を産む関係以外、あまり愛には注意を払われなかった。つまり、人間どうしの愛は長らく沈黙のもとにあった。

中世の物語的なもので古くから書かれたのは聖人伝や『ロランの歌』のような武勲詩だが、キリスト教的美徳か、戦う者としての強さが称讃されたため、男女間の愛はあまり歌われていない。

だが、一二世紀以降、まずは南フランスでトゥルバドゥールがリュートという弦楽器を片手に愛を歌いはじめる。十字軍の過程でイベリア半島にイスラームの人々が定住し、アラビア世界に古くからある愛の詩やその形式を伝えたことが背景のひとつである。

アラビア世界には、古くから「愛のために死ぬのは甘美で好機なことだ」とするウズラ族をはじめとする愛の伝統があり、達成されない愛や愛の過程そのものを美しく歌う心性があった。イブン・ダーウードが『花の書』の中にそうした歌をふくめて恋愛歌をまとめ、一一世紀スペインの大学者イブン・ハズムの『鳩の頸飾り――愛と愛する人々に関する論考』に愛の諸形式が述べられている。

また、宮廷風恋愛の作法じみた性格、自らを成長させるような徳としての愛の系譜はプラトンの『饗宴』に見出せる。十字軍を契機に、古代ギリシアの著作が本格的に流入したことも要因である。

そのほか、ラテン短詩（マドリガル）や典礼歌など修道士や聖職者の世界での詩の発展と、舞踏歌や春の訪れを祝う五月祭などで維持された民衆的な歌の伝統、アラビア世界の詩やケルトの伝説などが合わさって、ランスロに見られたような、過程に没頭する愛の系譜が生まれた。

†愛をうたう

最古のトゥルバドゥールはアキテーヌ公ギヨーム九世で、一一篇の詩が残っている。一五歳でフランス王よりも広い地域の領地の王となった、生まれの良い奔放な人物で、彼が中世の俗的な愛への沈黙を破ったのである。

十字軍にも参加したが、教会領を侵し何度か破門されており、敬虔な人物には見えない。だが、晩年は心を入れ替え、教会に土地を寄進している。

女性が称揚されている歌ばかりではない。ギヨームは女性を男性の快楽の対象とみなし、「されば聞かせよう、女のおきてがどんなものか、／それを下手に扱ったものがどれ程損をするものかを、／ほかの物なら盗めば減るが、女のモノはむしろ良くなるものなんだ」（『アキテーヌ公　ギヨーム九世』より、作品Ⅲの Ⅳ、中内克昌訳。以下同様）などと露骨な表現で姦淫を勧める作品もある。

キリスト教の愛の規範がある一方で、聖職者の腐敗にかぎらず、愛人を囲う等々は日常的であった。それを戯れの詩にしてしまうのが彼の才能である。

こういうものなのだ、と、何らかの掟でもって愛を語る宮廷風恋愛の傾向はすでに見られる。三章に見たように、古代以来、愛とは魂を狂わすものとする見解が根強くあったため、それをひっくり返したような、掟にはめた作法的な愛が流行るのである。もう少し宮廷風恋愛の性質の強い詩もある。

愛をわたしはただ称えるだけ。
なぜ自分は一向愛に恵まれぬ？
多分これ以上求めてはならないのだ。
けれどもいずれ
愛は大いなる歓びを与えるはず
その掟を守る者に。

（作品Ⅶの Ⅱ）

ここでも愛の掟の話がある。さらに、その歓びを歌うとき、理想化した女性像が現れる。

どんな歓びもそれにはかなわぬはず、

そしてどんな気品も譲歩するはず
わが愛しい女《ひと》には、その懇ろな応対と
その美しい魅惑的な眼差しゆえに。
かくて百年以上は生き長らえるはず
かの女《ひと》から愛の歓びを勝ち得る者は。

（作品Ⅸの Ⅳ）

中世では、愛が目から入り心を射抜くと考えられた。また、アラビア由来で、まだ顔を見たことのない遠い国の貴婦人に恋焦がれるという典型がある。会えば命果てるのである。愛における視覚の優位性が分かる。

わが愛しい女《ひと》が愛を与えてくれるなら、いつでもそれを受け入れ心から謝し
人に知れぬようご機嫌をうかがい
その女《ひと》の意にかなうよう話し振る舞い
その女《ひと》の優れた価値を高く評価し

その女《ひと》のことを大いに称賛するつもり。

（作品ⅨのⅦ）

ここまでくると、まさに宮廷風恋愛の騎士である。この愛は「至純の愛」Fin'amors（フィナモール）と呼ばれるもので、高貴な婦人に関心を持ってもらえることを歓びとしており、婚姻として実を結ぶことはない情熱恋愛である。

臣従の誓いの実践のように、女性に従うのである。そして、愛の歓び（joy）は病人を癒しうるが、思慮分別がある人も狂わせ、優美な男子を下賤にして、下賤な男子を優美にするなど、秩序の転覆すら起こす絶対的な力として語られてゆく。

このあたりはまさに、古代地中海世界で魂を狂わせる暴力的な愛――そうした愛の形は由来を問うことのできない人類共通のものであるが――に近いものを感じる。それを「秩序の転覆」という見やすい形に落とし込んで、どうにか統御しようとしているのである。

†霊的な愛

秩序すら転覆しかねない愛にむしろ好んで従い、かつ女性をその主人のように想定するのが新しい。だが、理論的根拠としたのは古代の著作であった。

古代ローマのオウィディウスの『恋の手管』が、中世の宮廷風恋愛の指南書、アンドレア・カペラヌスの『宮廷風恋愛の技術』のもとになっている。オウィディウスの場合には、狂気の愛に振り回されたり、ひれ伏し、恋などに翻弄されるのは、市民らしからぬことだと揶揄する向きもある。だが、中世ではそれをきまじめにとって、貴婦人に仕えるための掟の書とするのである。

処女性を聖性とし、聖職者独身性をうちたてた中世キリスト教世界にあって、俗的な愛への沈黙が破られたとき、もてはやされたのが不倫愛であったことは一見意外である。だが、目標の貴婦人は階級が自分よりも上で、実際的な男女の関係とは異なる次元に位置することを意味する。貴婦人は、天上的な美しさをそなえた女性なのである。

つまり、目に見えないヒエラルキー構造を想定しながら、より高みの霊的な世界を希求する中世の人の心性に沿った愛の形であることがわかる。具体的な女性のみならず半ば天使的な女性を希求することで、騎士が徳を磨き自らの資質を高める仕方は、古代世界でプラトンが語る少年と愛者の間の愛の作法に淵源を持つ。

プラトンのイデア論は、人間は洞窟の中にいて、壁に映る景色を本当の世界だと思って生きているにすぎず、本質であるイデア界はその景色を映す光源がある外の世界であるという考え方である。

外から照らしてくる光を神と考えると、この世界観は創造主をすべての根源とするキリスト教と相性がよい。そこで、イデア界の本質にどう近づいていくのか、洞窟の内と外の関係を明確に展開させたのがプロティノスで、一者から流出するとみなすその世界観は、ネオプラトニズムとして中世の神学者、神秘家に広く影響を与えた。宮廷風恋愛の構造もその変化形とみなせるのである。

†『薔薇物語』

『薔薇物語』は宮廷風恋愛の形式を有し、洗練させた作品のひとつである。断片のみを合わせると、約三〇〇点ほどの写本が残っている。一三世紀前半にギヨーム・ド・ロリスという素性のわからない作者が四〇〇〇行ほどの前半部を書き、同世紀の後半に博学な知識人ジャン・ド・マンが一万八〇〇〇行にわたる後半部を付け足したアレゴリー文学である。

アレゴリー文学とは、概念が擬人化・実体化した物語で、さきに見たベギン、マルグリット・ポレートの著作も神への一体化をめざす宗教的な著作ながらその体裁をとっていた。

『薔薇物語』は、詩人である主人公が眠っている間に囲まれた園に招かれ、そこで〈愛〉に矢を放たれて薔薇（多くの美質に恵まれて「薔薇」と呼ばれるのにふさわしい女性）に恋焦がれるようになる恋愛物語である。

〈美〉〈純真〉〈礼節〉という三つの矢で負傷する。現代の恋愛物語であれば、意中の相手とのあれこれが描かれるはずだが、相手はほとんど美のイデアの権化で天国的であるので、見るだけでまずは満たされてしまう。

7-3　ジャン・ド・マンが『哲学の慰め』のフランス語訳を献呈している

「気持よさと喜び」（『薔薇物語』篠田勝英訳、以下同様）に呆けている主人公に〈愛〉は容赦なく〈愛想〉という矢を放ち、臣下として降参させる。主人公は愛の掟について学び、愛することに喜びまた苦しみながら、〈理性〉や〈愛〉、〈自然〉、〈歓待〉、〈見せかけ〉などと会話を紡いでゆく。

後半部は雰囲気がおおきく異なる。博学な大学人であったジャン・ド・マンが、持てる知識を物語のあらすじを忘れたかのように披露する。〈理性〉、〈友〉、〈見せかけ〉、〈老婆〉、〈ゲニウス〉、〈自然〉といった登場人物が長弁舌をふるう。

ジャン・ド・マンは、ボエティウスの『哲学の慰め』を翻訳したことでも知られる。古代の哲学者の言説を、登場人物に喋らせるのである。

また、宮廷風恋愛の形式をさかさまにして揶揄する。ジャンは新興の中流階級出身だったので、騎士や貴婦人の物語が好まれた宮廷世界とすでにやや異なる世界に生きていた。そのため、不倫愛であったり、貴婦人に主導権がある構造をからかうのである。

ジャンによると男女間の愛は、種の存続のために自然がもうけた詭計でそれ以上の意味はなく、女性に夢中になるなど滑稽でしかない。「神が道具を与えようとお考えになったのは、〈自然〉が同じものを作って、死すべき被造物に種族保存を保証するためだったのです」。

また、年上の女性が知識を授け騎士を成長させるといった宮廷風恋愛の典型を意識しながら〈老婆〉に長々と、愛の掟を語らせる箇所がある。

〈老婆〉は、「恋する人が気前良くして、その心をただ一箇所に向けなければならないな

ど と要求するのは、あんまりな重荷さ」「心はいろいろなところに向けて、決して一箇所にとどめてはいけない。あげても貸してもいけない、うんと高く、それもいつも競りで売るようにするんだよ」という。女性が沈黙を破っているようにも見えるが、騙す女としての典型イメージで貶められている。

〈純真〉や〈礼節〉、〈愛想〉をもって仕えるべきであるとする前半部とうってかわって、一人にのみ愛を捧げる無意味さを語るのである。

教え導く者のイメージもあった年上の女性がこう語ることで、読者は、女性は性悪であるとする印象を抱きかねない。そこで、否の声を上げた女性がいた。

†薔薇物語論争とクリスティーヌ・ド・ピザン

宮廷風恋愛の形式がある程度女性を賛美する形式であったため、これをパロディ化すれば女性は貶められる。

とはいえ、文字を読んで楽しむのはほとんど男性であったし、女性へのラベリングを被造物の秩序とみなし、高貴な家柄の女性もおそらくそれほど違和感を持たなかった（第五章のヒルデガルトのような）ために、『薔薇物語』を論駁《ろんばく》する動きは見られなかった。

沈黙を破り、中世末に『薔薇物語』をめぐって、知識人男性たちと論争を繰り広げたのが、クリスティーヌ・ド・ピザンである。

フランスのリールの聖堂参事会代表モントルーユが、『薔薇物語』を称賛した小冊子を送ってきたのに対し、クリスティーヌは否をとなえる。それぞれが味方をつけながら三年に及ぶ論争がなされた。どちらの勝利とも言えないが、クリスティーヌの名が知られるようになった。

ジャンやその著作を楽しむ男性知識人は、『薔薇物語』に見られる女性蔑視的風潮は当時の当たり前の実情を面白おかしく作品にしただけであると考えた。

他方で、クリスティーヌは、この作品を読むことで読み手がそこから、女性は生まれながらに罪をおかしやすい存在で悪しきものだとする価値観を学んでしまうため、よくないと考えた。つまり、本とは読者に対し、教える者であるべきとする見方である。

また、作者ジャン・ド・マンが〈理性〉の勧告などの台詞のなかで、おそらく読み手の男性たちの歓心を買うために、男性器を直接的な名称で呼んで例示するところも下品だと批判している。

クリスティーヌ・ド・ピザンは、中世の長きにわたって、弱き者、小さき者としてイヴに結び付けられてきた女性イメージのレッテルへの沈黙を破り、ほとんど初めて否の声を挙げた人とされるが、いったいどのような人だったのだろうか。

2　言葉を書く

†クリスティーヌ・ド・ピザン

クリスティーヌは、後期中世の裕福な学者肌の家に生まれた賢い女性である。祖父はボローニャ・ラ・グラッサの学府の教授であり、父親も学士号をもつ学者兼医者であった。父親はボローニャで教えていたが、ヴェネツィアのより高貴な家柄の女性と結婚し、そこでクリスティーヌが生まれた。

両親は一足早くルネサンスの風が吹いたイタリアで育った。このことがクリスティーヌの生い立ちには大きく影響している。なぜなら、フランスでは女性に学問などは必要ないとする風潮があいかわらず強かったのに対して、イタリアでは、男女問わず教育や学問の必要性がいち早く認識されていたからである。

7－4　詩作や文筆業で生きていくため、勉強するクリスティーヌ。詩集『百のバラード』の冒頭

その風潮のためなのか、明確な動機はわかっていないが、父親トンマーゾ・ダ・ピザーノは、女性に高度な学問は不要と考える古風な妻の反対を押し切ってでも、クリスティーヌに熱心な教育をほどこした。

トンマーゾは根っからの学者気質だったので、女の子にでも教育をほどこせばうまくいく実例をみずから示したいとする好奇心に従ったのかもしれない。

ダンテやペトラルカなど当時のイタリアきっての名作はもちろん、自然科学をふくめた古典の知識（父親は学者兼医者だったため、四体液説にもとづく人体や世界の把握など）およびラテン語を学ばせた。

†二五歳で寡婦に

トンマーゾは、クリスティーヌが生まれてまもなくフランス王とハンガリー王から、天文学の知識やそのほかの学識を買われて、宮廷へ召喚された。

トンマーゾには星の動きをみて、どういう決断をすべきかある程度の予想ができる占星術的能力があり、統治者としてはぜひ傍に置いておきたい人材であった。また、中世のキリスト教徒にとって聖なる言語のひとつだが、なかなか修得されていなかったヘブライ語を理解したともいわれる。

父親の人物像はクリスティーヌの著作『運命の変転の書』と『クリスティーヌの夢の書』から読み取れるのみなので、父の学識と徳の高さを尊敬してやまないクリスティーヌの身内びいきが入っている点は否めない。

だが、父トンマーゾがシャルル五世（賢明王）の招きに応じてフランスに渡り、たいへんな好待遇を受けたのは事実である。

当時パリ大学に一流の学者たちが集まっていたため、その様子を見聞して一年でイタリアに戻る予定で、トンマーゾは妻子をイタリアに残していった。

しかし、王は彼をいたく気に入り、約束の時期になっても帰したがらず、むしろ家族を養う分の給与も出すから移住すればよいと提案してきた。トンマーゾはそれでも三年ほど、イタリアへ帰る希望を捨てなかったが、けっきょく、四歳のクリスティーヌをふくめ一家そろってフランスに移住することになる。

トンマーゾはクリスティーヌに対し、女の子にしては熱心な教育をほどこしたが、早いうちに結婚させるという慣習には抗わなかった。そのためクリスティーヌは当時の結婚適齢期である一五歳でエティエンヌという夫をもつ。

エティエンヌも、学識が高く徳も高いという父親のお眼鏡にかなった人物であった。父トンマーゾの宮廷での優遇のおこぼれに与《あずか》ろうなどという、薄っぺらい貴族はすべて除外されたのである。

父の美徳あふれるふるまいと宮廷での待遇の良さゆえの俸給の豊かさ、そして夫の生来の優しさと賢さによって、クリスティーヌは幸せな時期を過ごした。だが、父を優遇した善王シャルルが若くして亡くなってしまい、一家の運命は陰《かげ》り始める。

次いで位についた王は幼く、間もなく精神を病んでしまったことも理由で、父トンマーゾの学識の深さへの理解者にはならなかった。これまでのよい待遇のすべてが無効となり、トンマーゾはかろうじて宮廷にとどまったものの冷遇された。

すでに老齢にあったトンマーゾには堪《こた》えたことだろう。病を得ていくらも経たないうちに亡くなってしまう。

良くないことが起きるときには続けざまなのだろうか、夫エティエンヌも王に随行した出先で疫病にかかって亡くなる。クリスティーヌは二五歳で寡婦になった。

†若い寡婦の弱さ

クリスティーヌはこのとき子ども二人と母親、姪とともに暮しており、稼ぎ頭の夫を失って、残りの三人を自分が養わなくてはならない立場になった。

若くして寡婦になると、弱みに付け入る人も多く、これまで味方と思っていた人が急に敵になったという。

本当にしていたかどうかもあやしい借金に対する取り立てに来る人が絶えなかった。未払いのままになっている夫への賃金の支払いをめぐって闘争に明け暮れることになると、女性のくせにと悪口を言われることもあった。まだ幼い子どものための養育資金を、あずけた男性にだましとられる経験もした。

このあたりも、あくまで彼女の著作の自分語りをあてにするほかないので若干の誇張はあるかもしれないが、寡婦となって間もなくの時期にクリスティーヌがつらい思いをしたのは予想できる。

†言葉による救い

敬愛する父と夫を続けざまに失ったクリスティーヌは、現代的に言うとなかば抑鬱的な状態にあったのかもしれない。のちの韻文作品で寡婦の悲しみを歌ったものには、なぜ死ぬことができないのかといった悲痛なものがみられる。

生きることをあきらめずにすんだのは、亡き父がほどこした教育があったからである。本を読むこと、詩を読むことも大好きだったクリスティーヌは、寡婦となり、周りにつけこまれた悲しい心情を、当時流行っていた詩の形式で書いてコンクールに出す。

それがたまたま評価される。書き始めたのも友人のすすめで、ほんの心のなぐさみにもなれば、と始めたらしい。

わたしはひとりぼっち　いや、ひとりぼっちでいたい、
ひとりぼっち　いとしい人は、わたしを残していってしまった、
ひとりぼっち　仲間も主もなく、
ひとりぼっち　苦しみ嘆いて、
ひとりぼっち　悲しんで途方に暮れて、
ひとりぼっち　彷徨うほかなく、

ひとりぼっち　友もなく残されたまま。

（『百のバラード』より、バラード一一）

ごく素朴な詩で、実感がこめられている。「ひとりぼっち」の繰り返しが印象的だが、原語はseuleteで女性単数形形容詞「ひとり」seuleの語末に指小辞《ししょうじ》、たとえば「少女」ではなく「お嬢ちゃん」のような、親しみのこもった表現になっている。自らの経験を吐露するのに柔らかな口語表現を用いることで、読み手をも傍に引き寄せる効果を発揮している。

クリスティーヌは書き言葉をしるし、それを読んでもらえる幸運な星のもとに生まれた女性であった。学者肌の父親が、すでにたくさんの書かれた言葉をクリスティーヌの心身に刻んでくれていたために、彼女は、自分でもごく自然に言葉を発することができたのである。

†『女の都』

詩が評価されると、書くことで一家を養えるかもしれないとする希望から、ともかくももっと勉強しなくてはと、父親の蔵書を片っ端から読みあさったという。クリスティーヌのまじめさと知識欲の強さが窺われる。

職業著述家となってからは、自伝的な著作から教育書、政治論、さらにはフランス国王シャルル五世の伝記まで必要とされればおよそ何でも書いた。

クリスティーヌは当時使われていたフランス語で書いたが、それは完全な古仏語でもなく、過渡期にある絶妙な文体であった。

さきに述べた『薔薇物語』の論争で、女性の性質が悪く言われていることに違和感を持ったクリスティーヌが、その違和感をもとに作品にしたのが『女の都』である。

クリスティーヌはもともとイタリア生まれだったため、ボッカチオやダンテなどの作品をフランスに持ち込む役割を果たした。『女の都』も古今の女性をとり扱ったボッカチオの『名婦伝』の焼き直しとされる。

『女の都』ではクリスティーヌ自身が登場人物となっている。「ある日、私はたくさんのいろいろな本に囲まれた部屋で座っていた。長いことそうやって知識を追いかけるのに没頭するのがならいだったからである」と述べられる。

だがその日、これまでも格闘してきた著作家の重厚なテクストと向き合って疲れ果てて

7-5　フランス王妃イザボー・ド・バヴィエールに自著を献呈するクリスティーヌ

いたので、「この難しいテクストはひとまず置いておいて、かわりにちょっと楽しくて読みやすい詩人の作品でも探してこよう」といって、本の山に埋もれている一冊を手にとることにする。「私は微笑んで、決めた。それを読んだことはないけれど、ほかのたくさんの作品と違ってこれは、女性のことを讃えるために書かれたときいたことがある」からだという。「けれど、それを読み始めないうちに母親が私を夕食におりてらっしゃいと呼んだので、食事の時間になった」。それで、本を脇に置いてまた次の日に読もうと決めたという。

このときの本は、マテオルスの『嘆きの書』という、一三世紀はじめにラテン語で書かれ、その後フランス語に訳されて広く読まれた著作であった。結婚の苦悩を述べたありふれた作品であるが、当時のキリスト教世界の定式にもれず、女性についてはあまり良いことが書かれていなかった。

なお、『薔薇物語』論争へのクリスティーヌなりの姿勢を引き継いだのがこの『女の都』なので、『薔薇物語』のかわりに、似たような女性観を表現した通俗的な作品『嘆きの書』が題材に取り入れられているのである。

クリスティーヌは「その本をぱらぱらとめくり、結末を読んで、もっと価値がある役に立つ本をかわりに持ってこよう」と思った。だが、マテオルスを読んだときのショックが心から消えなかった。

その本、私にはなんの権威もないように思われる本だが、それを読んでから、私の頭に次の途方もない考えがこびりついてしまった。つまり、いったいぜんたいどうして、聖職者にせよほかの人にせよ男性たちは、女性たちや女性たちの生きざまについてこんなにもひどいぞっとするようなことを言ったり書いたりし続けてきて、いまだにそうしているのだろうか、と。どう説明すればいいのか解らず途方に暮れた。

だが、「これほどの知性を持っていて、こんなにいろいろなことを知っていると思われるたくさんの学ある男性たち」が「こんなにもたくさん嘘をついてきたとは考えづらい」。だから「私は彼らの、女性についてのこの好ましくない見方を受け入れなくてはいけない」などと自分に言い聞かせるクリスティーヌがいじらしい。

こうして納得したように思われたクリスティーヌは、とはいえ、もやもやとした心の疼きを捨てることができず、ため息をついて神に語りかける。


あぁ、主よ、これはどういうことなのか？　私は信仰に過ちを犯さないかぎり、次のことを疑うことなんてできない。あなたの限りない知恵と完全な善性にかけて、あなたが善でないものを創っただなんて。あなた自身が女性をつくり、女性に、持っていてほしいと願う性質をすべて授けたのではないのか。あなたがどうしてなにか間違いを起こすということがあるだろうか。（それなのに）女性たちは、たんに責められているだけではなくて、すでに裁かれ、審判されて、断罪されているのだ！　私はただ、この矛盾を理解することができない。

こうして泣きはらしてうなだれていたクリスティーヌの心をなぐさめるべく、神に遣わされた三人の女性が現れる。

〈理性〉、〈清廉〉、〈正義〉という、アレゴリー文学の多い中世ではおなじみの、いわば概念が擬人化したタイプの登場人物であるが、すべて女性であった。

†〈理性〉の役割

理性は従来から男性に結びつけられてきたものであり、また、さきに見た一三世紀のマルグリット・ポレートの『鏡』では理性とは愛たる神との合一の途上で死すべきものであった。

『女の都』において理性（という女性）が三人のうちで初めに長く言葉を交わし、すぐれた女性たちによる都を建設するようクリスティーヌに教え諭す役割を担っているのは示唆的である。

クリスティーヌは根っからの読書好きで、古典から同時代の作品まで、ほとんどが男性の手になる作品をそのものとして愛好していた。父親の教育と生まれた環境、および資質のおかげで、クリスティーヌは、理性と結びつけられてきた男性たちと同じ目線で、著作を楽しむことができた。

だから〈理性〉も、その他の性質と同じように自分も模範としてめざすものと考え、同じ女性にしたのではないか。

そして、大好きな本の作者たちが言うのだからきっと、経験と知識が足りない自分が不思議に思うにせよ、女性という種には欠点があって、こぞって同じようなことを言われているのだ、と考えた。

さて、『女の都』で出てくる三人の女性は、クリスティーヌの考えは正しくない、感じた違和感のほうに忠実になるべきだと諭す。結局、書き手はクリスティーヌ本人なので、つまりは納得できない心のわだかまりを三人の女性イメージに投影させながら、ときほぐしていったのである。

クリスティーヌは歴史書もたくさん読んでおり、その中には徳高い女王もたくさんいたのに、そうした存在をも無にして女性を貶める発言はおかしいのではないかと感じて悲しくなった。

その感覚に従って、すぐれた女性たちを住まわせ、また、今後女性が貶められたときの避難所となるような「女の都」をつくりなさいと〈理性〉をはじめとした三人が告げ、都市建設に必要な材料は自分たちが与えるから、と述べるのである。「あなたの感覚に戻りなさい。そしてこんなおろかなことで頭を悩ませるのをやめなさい」

クリスティーヌは〈理性〉という類まれな女性から話を聞いているとき、悲しみが癒される心持ちになった。

だがそれが、「言葉によって耳から受ける感覚か、あるいは、この女性のとても美しく、衣服もすばらしく、高貴な身のこなしや顔つきを目が愛でているためなのか」わからなかったという。視覚、とくに衣服や身ぶり、顔つきに内面が表れるとする中世キリスト教世界のヒエラルキー的な世界観がここにも表れている。

『女の都』は、〈理性〉、〈清廉〉、〈正義〉の三人のそれぞれが担当する全三章からなる。いずれの章も、歴史書を多読していた彼女ならではの、すぐれた女性の百科事典的な作品となっている。

†男性の言説

第一章の〈理性〉とクリスティーヌの対話では、男性が女性を悪く言う理由についての思索が展開される。

よい意図から女性たちを否定する男性たちがいる。彼らは、すでに堕落して腐敗した女性たちのもとに落ちてしまっている男性たちを救いたい、あるいは、ほかの人たちがおなじ運命に陥ることを避けてやりたいと思っているのである。そして欲深くて罪深い存在を避けるよう導きたいと思っている。性全体を男性たちが嫌悪するよう説得する目的で、すべての女性を攻撃しているのである。

クリスティーヌは、すべての女性が悪しきものではないが、たしかに悪徳に染まる女性もいることを認めている。それは、男性であっても、徳の高い人もいれば、悪徳に染まる人もいるのと同じようにである。

〈理性〉はここで、すでに悪徳に染まった女性の手引きで、悪徳に染まってしまって抜けられない男性を救い、さらにはほかの男性が同じ目に遭わないために、善意で、女性たるもの全般をいっそのこと悪く言うことがあるのだと説明している。

クリスティーヌはこれに対し、「遮ってごめんなさい」と言いながら、「行動は意図によって判断されるというのが正しいのかしら」と問いかける。〈理性〉は、そういうわけではない、「無知は言い訳にならない」と言う。

たとえば自分が、「愚かにも(ものがわかっていなくて)」「よき意図から私があなたを殺したとして、それは正しいのか(いや、正しくない)」と述べる。それは力の濫用で、自分の信念の押し付けにすぎないという。

だが、徳のある男性が、実際にも存在する淫乱な女性にはまっている男性を救おうとして、ときに女性を否定する文章を書いたのならば、「彼らはたいへん役に立つ文章を書いたと、私はすすんで認めよう」と述べる。

そのような目的もなく、たんに彼らの言葉尻だけをとらえて女性全般を否定したり嫌悪したりする言説を述べた男性たちについては、そうした意見に賛同する人たちもふくめみな罪深いと述べ、「これらの恐ろしく、醜く、形の悪い石は、あなたの美しい都市(いま作っている女の都のこと)にはふさわしくないので、あなたの作品から捨てよう」という。

あるいは、年老いた男性が、性欲はあるのに身体がついていかないことから、女性を悪く言うことがあると述べる。そうした年老いた男性の中にも徳の高い人がいて、「悪徳を避け、美徳を追い求めるあまりに」極端な発言をして、ときに女性一般を否定的に扱ってしまうことがあるという。

後者の場合にかんしては、彼らの言葉の端々からも良い性格が窺われると述べ、大目に見てやりなさいといったニュアンスを伝える。

書き手クリスティーヌは、女性が不当に枠づけられるときの、枠づけている人のありかたに注目し、できるかぎり理解しようとしている。

よい意図を持ち、人となりの尊敬できる男性の声はちゃんと聞いて、ただ頭ごなしに批判してくる男性たちの言葉は無視しなさいと自分に言い聞かせながら、読者に教えているのである。実際、父親をはじめ宮廷に出入りする知恵ある男性と関わった実体験が、この思慮深い態度を形成したのである。

このあと、女の都に住むにふさわしい、歴史上のすぐれた女性たちが次々と閲覧されてゆく。

3　沈黙を破る

クリスティーヌ・ド・ピザンは非常に賢い女性だが、神と自分のみの世界に浸る神秘家ではない。ヨーロッパ中世で女性が沈黙を破るとすれば、神の声の器となる場合がほとんどであったから、とても珍しいことである。

とはいえ神への思いが薄いわけではまったくない。『女の都』の冒頭で嘆くさいに、創造主に訴えかけている。密室に三人の女性が登場し不思議がるシーンは聖書の箇所を想起させ、あるいは三人は三つながらひとつだと述べられ、あきらかに三位一体や神をふまえている。

〈理性〉とは神が他の動物たちを統べる人間にのみ与えた、神の似姿としての最たる特徴である。〈清廉（まっすぐさ）〉は定規を持っていて、それで、神の前に正しいか否かを測るとされる。

〈正義〉が大切であり、要するに三つはおなじ一つなのだと力説されるが、つまりは、神ののぞむ秩序にもっとも重きが置かれているのである。〈正義〉は黄金の器を持っており、

7-6　百年戦争の困難な政情に、文筆業で世を変えることも諦めたかのごとくクリスティーヌは晩年、筆を折り九年間修道院に籠る。ジャンヌ・ダルクは最後にその沈黙を破らせた。神が恩寵を注ぐと決めたならば若き農民の少女にすら惜しみなく注ぐその実例は、クリスティーヌの希望となった。かつての神への嘆きが、神への賞讃として昇華されよう

そこから人々にふさわしい賜物をあふれさせるという。

†キリスト者クリスティーヌ

クリスティーヌは、神に似たものとして人間が理性を授けてもらったことに誇りを持ち、神と照らし合わせた正しさを持とうとした。黄金の器の黄金とは天上を想起させる。つまり、神の規準は人間の目に見えるものと異なるのである。

人間どうしの間ではなく、神の目に正しいかどうかを考えようとするのはキリスト教の

根本であり、クリスティーヌがその根本的な世界観を大切にしていたことが分かる。

被造物をすべて祝福し、特に人間には理性を授けた賢い存在であるはずの神が、女性にひどい仕打ちをしたとは思えず、なぜなのか、と神に問う嘆きの声を上げずにはいられなかった。そして涙に明け暮れたわけである。

嘆きで沈黙を破るのは、祈る人アンセルムスもそうであった。クリスティーヌでも、泣き、嘆き、問うことで沈黙を破っている。

クリスティーヌは、男女に違いがないと言っているわけではない。『女の都』で、女の子も男の子のように学校に行かせて学問を修めさせる習慣があれば（それが当時のフランスにはなかった）、いろいろな技芸もきっと丁寧に吸収しうると述べている。そのときに、女性は男性よりも体力で劣っていて「虚弱で特定の役割には適応しにくい」が、与えられた場所で英知を発揮するのだという。

つまり、女性がどちらかといえば専門職をきわめるよりも、与えられた場所で仲介者的に働く精神性を持ち、肉体も弱いということを述べているのである。

さらに、自伝的な著作のひとつ『運命の変転の書』で、夫の急死で一家を養わなければならず奮起したときに、自分が身軽になり、顔つきも変わって「潤いがなくなり」、「声が低くなって身体は強く細くなった」と述べ、それが勇気ある魂を有し、「真の男性」になったということだった、と述べる。

古代のアリストテレス以来の、男性がより完全で強く、女性は欠けた部分があり、柔らかくて脆《もろ》いという考えをクリスティーヌも認めている。いまの世界で、著作活動で食べていくには、女性であってはだめなのだろうと思い、男になるという表現をしたのである。

†神の前の人間

クリスティーヌは、運命の女神に照らし合わせながら自分の人生を解釈している。運命を擬人化したこの女神は、フォルトゥーナと呼ばれ、古代から信じられたもので、ボエティウスが『哲学の慰め』で題材としている。クリスティーヌはとくに『運命の変転の書』で直接に題材としているが、『長き研鑽の道の書』や『クリスティーヌの夢』などでも運命を意識している。

運命の女神によってすでに人生が決まっていると考えるとやる気が出ないが、ボエティウスは、その運命を時間的・空間的に正しく把握できるのは神のみだから、人間の側からは、意志を思って知恵を用いて生きることには意味があると考えた。人間と神とでは、意識や感覚が異なると考える立場である。

当時の神学者や聖職者も、このボエティウスを好んだ。『薔薇物語』で女性蔑視的な言説を書いたジャン・ド・マンもそうである。

フォルトゥーナに対する正しい理解は、俗人の間ではなかなか難しく、単に運命を受け入れよという意味で使われた。だが、クリスティーヌは、フォルトゥーナを尊重しつつも、意志を放棄しない仕方をぎりぎりまで突き詰めようとしている点で、ボエティウスの思想をよく理解して、用いている。

クリスティーヌが女性へのレッテル貼りに対する沈黙を破ったのは、レッテルを維持した男性たちと同じ精神性を持ったからである。

クリスティーヌは女性である以前に、神を愛し、知であり善である神を心から信じる、被造物としての人間であった。神は人間を愛してくれ、ここにいると呼びかけてくれる存在だと考えるからこそ、不当なラベリングや、そのラベリングに迎合して誤った認識へと進む人がいるのに黙っていられなかった。

祈る人が民たちに正しい道を言葉と生き方とでしめし、見倣わせようと考えたように、クリスティーヌはたまたま文字という声を発せられる立場にいたので、その声を著作の種類問わずただただ、懸命に発し続け、神の意図に沿う秩序がそこにあることを願った。
その意味でクリスティーヌ・ド・ピザンは、まぎれもなく中世らしい人間であった。

おわりに

中世ヨーロッパはキリスト教世界であり、その世界を初めに牽引した修道院には沈黙がふさわしい。だから、中世と沈黙を結びつけるのは理に適っている。

しかし、もっとも沈黙の人であった祈る人でさえ、感情豊かに全身で神に訴え、あるいは市井に出ていって人々を教え導こうと声を出すのが、盛期中世であった。その背景には、西方世界なりの、社会に埋め込まれたキリスト教の発展の抱えた矛盾があった。

また、中世とは、大部分の人が文字情報に頼らない、声と音の世界であった。

むろん、声の言葉であった俗語が、文字で書かれるようになる流れもある。だが、俗語の聖人伝は歌われるし音読される。俗語の説教筆録は、声の調子を表現しようと、母音をいくつも書き連ねる。声と音が中心であるのは変わらないのである。

＊

中世社会には封建制度があって、身分秩序が厳しくて自由がない。これが一般的なイメージなのかもしれない。上下関係があるのはそのとおりで、現代の人が謳歌するような、生まれながらの平等は存在しない。

だけど彼らはそれを不平等だとも思っていない。それぞれに、それぞれの賜物が与えられる、とキリスト教では考えるから、というのがひとつの理由である。もうひとつは、生まれ育つ集団の中のサイクルが居心地がよく、敢えて壊してまでなにかをしようとする欲求もわかないからである。

なんという平和な時代。

本書の端々に見た感情の表現方法も、中世の人たちならではの、集団の中の秩序を保ち、また、集団どうしがうまくやっていくための実践的な知恵なのである。

その知恵の実践には身ぶりと声がとても重要なので、沈黙が表立ってあれこれ指示することは少なかったかもしれないが、沈黙の規範があってこその、声の規範である。

＊

規範。感情の文法ということを服喪の嘆きについて探ってみたりもしたが、とかく、中世では「こうあれかし」という規範が先にあって、個々の人間の感情はその規範との関係でこそ、まずは表現された。

われわれは、感情とはまず個人のもの、感情こそ個人の抱く尊いものと考える。だが、そうではないのである。

感情は外から内へと注がれ、あるいは人と人との絆を行き来しながらその人そのものを「今、ここ」に作っている。

身体が世界に向かって開いていて、世界を構成する四つの要素、火、水、空気、土が人間の体液にも影響を及ぼすと考える。そういう世界だからこそ感情もまた、わたしだけのものではなく、わたしをとりまく世界のものでありえたのだろう。

独りぼっちにならない世界。

＊

長きにわたり、キリスト教世界では女性性が沈黙させられてきた、とする見方も一理あるが、中世とは抑圧の時代だったばかりではない。神の器となることに喜びを見いだした「聖女」も、いくらでもいる。

これまでのレッテルに否を突き付けたとされるクリスティーヌ・ド・ピザンでさえも、

その内実を見れば、中世の世界観をまっすぐに見つめているのがわかる。

だが、半聖半俗の生活しかり、ファブリオの書き手となった放浪する学生と聖職者のなりそこないしかり、規範と神のもとの定位置を重んじる中世らしさには、あちこちから亀裂が入っているようにも思う。その亀裂の解明は、今後の楽しみにしたい。

沈黙と銘打ちながらも、祈る人も戦う人も働く人も、祈り、嘆き、叫び、あちこちで喋り出すことをやめない本書をとおして、中世ヨーロッパ世界の面白さを感じてもらえれば幸いである。

読書案内

Disce quasi semper victurus, vive quasi cras moriturus.
永遠に生きるかのように学べ、明日死ぬかのように生きよ。

＊キリスト教について知りたいとき

●池澤夏樹『ぼくたちが聖書について知りたかったこと』小学館、二〇一二年。

●土橋茂樹『教父哲学で読み解くキリスト教――キリスト教の生い立ちをめぐる三つの問い』教文館、二〇二三年。

キリスト教の源泉をなす東方世界のギリシア教父たちの向き合った三つの問い、「なぜイエス・キリストは《御言葉》と呼ばれるのか?」「なぜイエス・キリストは《子》と呼ばれるのか?」「なぜイエス・キリストは《神の像》と呼ばれるのか?」について、丹念に解きほぐしていく稀有な本。

●**廣石望『新約聖書のイエス　福音書を読む（上・下）』NHK出版、二〇一九年。**

聖書とは、歴史上の人物イエス・キリストとは、について、初心者にもわかりやすく説明してくれる。手元に置いておきたい二冊である。

●**MARO『上馬キリスト教会ツイッター部のキリスト教って、何なんだ？　本格的すぎる入門書には尻込みしてしまう人のための超入門書』ダイヤモンド社、二〇二〇年。**

●**J・ロロフ『イエス　時代・生涯・思想』嶺重淑、A・ルスターホルツ訳、教文館、二〇一一年。**

＊キリスト教、発展篇と辞典

●**大貫隆『原始キリスト教の「贖罪信仰」の起源と変容』ヨベル、二〇二三年。**

日本ではキリスト教というと、西ヨーロッパというイメージがある。贖罪信仰にかんしてもその傾向があるが、本書は東側のユダヤ主義キリスト教に注目している。初期キリスト教の奥深さに浸らせてくれる本。

●加藤隆『歴史の中の「新約聖書」』筑摩書房、二〇一〇年。

キリスト教が生まれてくる同時代を、一緒に追体験させてくれるような本。初期のキリスト教に関心があれば、じっくり何度も向き合ってほしい。

●山我哲雄『キリスト教入門』岩波書店、二〇一四年。

●山本芳久、若松英輔『キリスト教講義』文藝春秋、二〇一八年。

●大貫隆、名取四郎、宮本久雄、百瀬文晃編『岩波 キリスト教辞典』岩波書店、二〇〇二年。

●E・A・リヴィングストン編『オックスフォード キリスト教辞典』木寺廉太訳、教文館、二〇一七年。

●『新カトリック大事典』学校法人上智学院新カトリック大事典編纂委員会、研究社、全四巻と別巻、一九九六〜二〇一〇年。

＊プラトンの異端的入門書

●竹田青嗣『プラトン入門』筑摩書房、一九九九年。

プラトンの良さをとてもよく代弁してくれる一冊で、個人的にはバイブルである。プラトンは単なる理想主義者ではない。その世界観、めざす姿勢のありようをぜひ知ってほしい。

●納富信留『プラトン　哲学者とは何か』ＮＨＫ出版、二〇〇二年。

＊沈黙の人、修道士の世界をもっと味わいたい人へ。文字の人について――

●大貫俊夫・赤江雄一・武田和久・苅米一志編『修道制と中世書物――メディアの比較宗教史に向けて』八坂書房、二〇二四年。

知を独占してきた修道士たちの書物や伝承への多様な態度に光を当て、日本中世の寺社文書・経典との比較も試みた意欲作。

●佐藤彰一『禁欲のヨーロッパ――修道院の起源』中央公論新社、二〇一四年。

砂漠で修業をした東方の厳しい生き方をする修道士たちの、その禁欲の起源をたどろうとするところにわくわくする。極限状態で人間と動物の境界を越えそうになる「アディアフォリア adiaphoria」に、飽食の現代から思いを馳せて。

●佐藤彰一『贖罪のヨーロッパ――中世修道院の祈りと書物』中央公論新社、二〇一六年。

●杉崎泰一郎『沈黙すればするほど人は豊かになる――ラ・グランド・シャルトルーズ修道院の奇跡』幻冬舎、二〇一六年。

＊中世世界の正統のガイドブックたち。中世で大切な教皇や皇帝についても――――

●J・H・アーノルド『中世史とは何か』図師宣忠、赤江雄一訳、岩波書店、二〇二二年。

●池上俊一『ヨーロッパ史入門――原形から近代への胎動』岩波書店、二〇二一年。

●河原温、堀越宏一『西洋中世史』放送大学教育振興会、二〇二一年。

●河原温、池上俊一『都市から見るヨーロッパ史』放送大学教育振興会、二〇二一年。

いわゆる政治史・制度史としての都市史から、都市のアイデンティティや民衆文化、そして中世都市の音風景など、多様な切り口から都市の歴史をのぞかせてくれる。

●神崎忠昭『新版 ヨーロッパの中世』慶應義塾大学出版会、二〇二二年。

●甚野尚志『中世ヨーロッパの社会観』講談社、二〇〇七年。
●甚野尚志、踊共二編『中近世ヨーロッパの宗教と政治――キリスト教世界の統一性と多元性』ミネルヴァ書房、二〇一四年。
●甚野尚志、草光俊雄『ヨーロッパの歴史Ⅰ　ヨーロッパ史の視点と方法』放送大学教育振興会、二〇一五年。
古代地中海文明からつづくヨーロッパ史について、その世界観の癖や枠づけ方を含め教えてくれる、稀有な概説書。
●甚野尚志・堀越宏一編『中世ヨーロッパを生きる』東京大学出版会、二〇〇四年。
●S・パツォルト『封建制の多面鏡――「封」と「家臣制」の結合』刀水書房、二〇二三年。
封建社会の謎と研究史がわかる、本格派の一冊。
●G・バラクロウ『中世教皇史［改訂増補版］』藤崎衛訳、八坂書房、二〇二一年。
エピソード豊かに、教皇について教えてくれる楽しい本。
●服部良久編『コミュニケーションから読む中近世ヨーロッパ史――紛争と秩序のタペストリー』ミネルヴァ書房、二〇一五年。
●藤崎衛『ローマ教皇は、なぜ特別な存在なのか――カノッサの屈辱』ＮＨＫ出版、二〇二三年。

●三佐川亮宏『オットー大帝——辺境の戦士から「神聖ローマ帝国」樹立者へ』中央公論新社、二〇二三年。

●ジャック・ルゴフ『アッシジの聖フランチェスコ』池上俊一・梶原洋一訳、岩波書店、二〇一〇年。

＊中世の人のふしぎな世界観、価値観についてもっと知りたい人へ。選りすぐり——————

●阿部謹也『西洋中世の罪と罰——亡霊の社会史』講談社、二〇一二年。

●池上俊一『ヨーロッパ中世の想像界』名古屋大学出版会、二〇二〇年。

動物や植物へのイメージから、火、水、空気（風）、土に共鳴する中世の人々の世界観、天使や魔術師、地上楽園と煉獄まで。中世の想像界をぜひ、存分に味わって虜になってほしい。

●岩波敦子『誓いの精神史——中世ヨーロッパの〈ことば〉と〈こころ〉』講談社、二〇〇七年。

●大黒俊二『声と文字』岩波書店、二〇一〇年。

言葉が声であった中世の特質とその変化について、通時的にわかりやすく教えてくれる必読書。

「ヨーロッパの中世」第六巻。全八巻で、テーマ別に中世世界を語るおすすめのシリーズ。

●D・オルドリッジ『針の上で天使は何人踊れるか――幻想と理性の中世・ルネサンス』池上俊一監修、寺尾まち子訳、柏書房、二〇〇七年。

●A・グレーヴィチ『中世文化のカテゴリー』川端香男里、栗原成郎訳、岩波書店、一九九二年。

中世の人の考え方の癖や世界観が、まるっと体験できるすぐれた一冊。中世の人にとって、時間や空間は無色透明なものではない。いつでも具体性と切り離されない。

●T・ケイヒル『中世の秘蹟――科学・女性・都市の興隆』森夏樹訳、青土社、二〇〇七年。

●N・ゴンティエ『中世都市と暴力』藤田朋久、藤田なち子訳、白水社、一九九九年。

●修道士マルクス・修道士ヘンリクス『西洋中世奇譚集成　聖パトリックの煉獄』千葉敏之訳、講談社、二〇一〇年。

一次史料の邦訳。死後世界の声と音、感情の文法を肌で感じることができる。

●J・C・シュミット『中世の迷信』松村剛訳、白水社、一九九八年。

●J・C・シュミット『中世の幽霊――西欧社会における生者と死者』小林宜子訳、みすず書房、二〇一〇年。

●杉崎泰一郎『欧州百鬼夜行抄――「幻想」と「理性」のはざまの中世ヨーロッパ』原書房、二〇〇二年。
●徳井淑子『中世ヨーロッパの色彩世界』講談社、二〇二三年。
●野口洋二『中世ヨーロッパの教会と民衆の世界――ブルカルドゥスの贖罪規定をつうじて』早稲田総研クリエイティブ、二〇〇九年。
●松田隆美『煉獄と地獄――ヨーロッパ中世文学と一般信徒の死生観』ぷねうま舎、二〇一七年。
キリスト教の異界に興味をもったら、まず迷わず手にとってほしい一冊。
●八木雄二『天使はなぜ堕落するのか――中世哲学の興亡』春秋社、二〇〇九年。
わくわくする中世哲学のすぐれた私的ガイドブック。
●J・ル・ゴフ『もうひとつの中世のために』加納修訳、白水社、二〇〇六年。
●「音と声の歴史学」『思想』二〇一六年一一月号、岩波書店。
声と音で統治される中世世界の入門編はこちら。

＊女性関連と文学作品と――――

●井上泰男、木津隆司、常見信代『中世ヨーロッパ女性誌――婚姻・家族・信仰をめぐって』平凡社、一九八六年。
「西欧庶民の生活文化を歴史の源流にさかのぼって描くことを念願」とした著作で、ケルトやゲルマンなど中世の前に女性がどういう立ち位置にあったか、民衆信仰がキリスト教への信仰とどう混淆しているのかにも眼差しを注ぐ。
●P・ヴァルテール『アーサー王神話大事典』渡邉浩司、渡邉裕美子訳、原書房、二〇一八年。
●E・エンネン『西洋中世の女たち』阿部謹也、泉眞樹子訳、人文書院、一九九二年。
エンネンは中世都市の研究者。後期中世の都市世界においてこそ、女性により多くの選択肢が見られた。時代順に、一般読者に向けて中世の女性について語ってくれる、すぐれた概説書にして研究書。
●上條敏子『ベギン運動の展開とベギンホフの形成――単身女性の西欧中世』刀水書房、二〇〇一年。
●G・デュビー『十二世紀の女性たち』新倉俊一、松村剛訳、白水社、二〇〇三年。
●B・ニューマン『ヒルデガルト・フォン・ビンゲン――女性的なるものの神学』村本詔司訳、新水社、一九九九年。

知恵と女性の結びつき、あるいはキリスト教が女性を罪と結びつけながらもむしろ常に念頭に置いてきたことについて、ヒルデガルトを手がかりに長いスパンから眺めようとしたもの。難解ながら傑作。

●原野昇『フランス中世文学を学ぶ人のために』世界思想社、二〇〇七年。

●M・G・ムッツァレッリ『フランス宮廷のイタリア女性——「文化人」クリスティーヌ・ド・ピザン』伊藤亜紀訳、知泉書館、二〇一〇年。

●A・ホプキンズ『中世を生きる女たち——ジャンヌ・ダルクから王妃エレアノールまで』原書房、二〇〇二年。

●村松真理子、横山安由美『世界文学の古典を読む』放送大学教育振興会、二〇二〇年。

＊感情史関係

●J・プランパー『感情史の始まり』森田直子監訳、みすず書房、二〇二〇年。

感情史なるものがいかに語られるようになったのかを、丁寧に説き起こした著作。生命科学も含む、正統の感情史の入門書にして、高度な研究書。基本的用語の説明も付す。古代ローマの政治的場面でのコードとしての身ぶり・感情表現についても述べられている。

●A・コルバン、J＝J・クルティーヌ、G・ヴィガレロ『感情の歴史Ｉ――古代から啓蒙の時代まで』片木智年監訳、藤原書店、二〇二〇年。

キリスト教史の中で、感情のこもった霊性が出てくる流れについても述べられている。近現代を扱う二巻、三巻とあわせて、多様な研究者の視点からいきいきとした感情史の世界を味わうことができる。

●B. H. Rosenwein, *Emotional Communities in the Early Middle Ages*, Ithaca, New York, Cornell University Press, 2006.

ある感情への価値体系を共有する集団を「感情共同体」と定義し、それが複数存在するものとして社会をみなす。そして語彙を中心に聖人伝や年代記、教会関係史料などから集団ごとの比較や変化の考察をおこなう。感情史研究の新たな道を開いた画期的著作といえば。

●P. Nagy, *Le don des larmes au Moyen Âge: un instrument spirituel en quête d' institution (Ve-XIIIe siècle)*, Paris, A. Michel, 2000.

中世キリスト教世界における涙の意味の歴史を追った研究。神に沈黙して祈る修道士に例外的に与えられる賜物としての涙から、女性神秘家を中心に、受難の場面を思い浮かべて日常的に激しく流し、神を求める道すじとなる涙へ。

＊そのほか感情史に関わる興味深い研究の覚え書き

●N. Loraux, *L' Invention d' Athènes. Histoire de l' oraison funèbre dans la cité classique*, Paris, Editions de l' EHESS, 1981.

アテナイの戦没者国葬の儀式について。

●F. Prescendi, « Le deuil à Rome: mise en scène d'une émotion », *Revue de l' histoire des religions*, n. 2, 2008, pp. 297-313.

ローマ人と服喪の嘆きの儀礼化。

●D. Alexandre-Bidon, « Gestes et expressions du deuil », in D. Alexandre-Bidon et C. Treffort (dir.), *A réveiller les morts*, *La mort au quotidien dans l' Occident médiéval*, Lyon, Presses universitaires de Lyon, 1993, pp. 121-133.

君主の息子たるもの、父の死をも落ち着いて静かに受け止めるべきとする感情規範。

●J. Deploige, « Meurtre politique, guerre civile et catharsis littéraire au XIIe siècle. Les émotions dans l' oeuvre de Guibert de Nogent et de Galbert de Bruges », in D. Boquet et P. Nagy (dir.), *Politiques des émotions au Moyen Age*, Florence, SISMEL, Galluzo, 2010, pp. 225-254.

優れた君主の死にさいして周りが激しく嘆くなどの、政治的な感情表現について。

●C. Lansing, *Passion and Order, Restraint of Grief in the Medieval Italian Communes*, Ithaca, London, Cornell University Press, 2008.

女性的な身振りを男性がしている、などと旧来からの服喪の嘆きを都市の新興貴族が批判し、新たな感情の規範を見出そうとしたことについて。

●**「特集=感情史」『現代思想』二〇二三年一二月号、青土社。**

日本の感情史研究のいまがわかる、すぐれた一冊（拙稿「ひとつになること——西方キリスト教の感情史探訪」七六〜八五頁は、本書の旅のパンフレット的な位置づけ）。

あとがき

大学院の博士論文をもとに、『〈叫び〉の中世――キリスト教世界における救い・罪・霊性』（名古屋大学出版会）を出版させていただいたのが三年ほど前である。神に向き合う女性神秘家や宗教運動を多く扱った霊性史に関わる本で、タイトルからイメージされるほど騒々しい中身ではない。

「沈黙」と名乗る本書のほうが、よほどうるさいものになった。

けれど、いずれにせよ中世では、沈黙も叫びも、嘆きも呻き声も、一対一対応で音声の有無のみを表す言葉ではない。身体も心も声も含む、動きであって姿勢であった。

発作的な感情であり、儀礼でもある。声に関わる言葉でありながら、内的な心の向け方のみを表すことすらある。その面白さ、不思議さをもっと語りたいというのが根底にあった。

また、学生に講義をしていても、中世ヨーロッパにはいまだに暗くて地味なイメージがあることがわかり、キリスト教へのなじみのなさも相まって、せっかくの魅力がなかなか広まっていないことを残念に思っていた。

それで、いっそのこと自分の好きな中世を詰め込んで語ってしまおうとしたのが本書である。

*

担当する講義では、どんなに大人数でも、必ずリアクション・ペーパーを書いてから帰ってもらうようにしている。二〜三個問いを出すが、学問としての歴史に関わるものから、人間ならば直面しうる哲学的な問題までさまざまである。

人間の本性は果たして善なのか悪なのかといったテーマについても、アウグスティヌスやマニ教、カタリ派などを題材に気ままに考えてきた。

書いてくれたものを取り上げてコメントすれば、また次の回に新たな意見が生まれる。同じテーマをうだうだと何回にもわたって語ることもある。そんな講義はきっと、ベギンたちのお喋りにとても近い。

学生の言葉による新たな気づきや、背中を押してもらうこともたくさんあった。そのおかげで、こんな旅物語が生まれたのである。立教大学、川村学園女子大学、共立女子大学、清泉女子大学、東海大学、青山学院大学の学生の皆さんと先生方に深謝したい。

中世が声と音の世界である、ということについては、共同研究「精神史における「声」と「テクスト」の創造的営為」（慶應義塾大学、言語文化研究所）に二年間参加させていただくなかでの学びがたいへん大きかった。発起人の岩波敦子先生をはじめ、いつも実り多い研究会を開催してくださったメンバーの皆様に篤くお礼を申し上げたい。

また、昨年度一年間にわたって『福音と世界』（新教出版社）で「神と「女性的なるもの」を辿って――西洋中世の女性神秘家たち」という連載をさせていただくなかで、あらためて中世の女性たちの声を「聞くこと」や、女性性について考える機会を得た。いつも温かくも鋭い意見をくださった出版社の堀真悟さん、森本直樹さんにたいへん感謝している。

『〈叫び〉の中世』の出版以来、発表の機会をいただき、拙い研究にさまざまな角度から貴重なご意見をくださった、そして一緒に議論してくださった大阪歴史科学協議会、比較都市史研究会、REN研究会、西欧中世史研究会の皆様にも心からお礼を申し上げたい。

また、大学院生のときから変わらず、上智大学中世思想研究所の図書館にはしばしば通い、本書の執筆に際しても、本当にお世話になった。所長の佐藤直子先生、所員の皆様に深謝したい。

折に触れて励ましてくださる恩師の池上俊一先生と、卒業してもふらっと集まる自由人のゼミ仲間たち、同じくマイペースな呼吸をゆるしてくれる青山学院大学の史学科の個性豊かな先生方とゼミ生、周りにいてくれる家族にも感謝を伝えたい。

そして、筑摩書房の柴山浩紀さんには、執筆の貴重な機会をいただき、また、語り出すと止まらず挿話の渦《うず》となる原稿に、温かくも的確な道しるべをいただき本当にありがとうございました。

最後に、ここまでついてきてくれたあなたに心からの感謝を。

本書を通じた中世ヨーロッパの旅が、繰り返し誰かに話したくなる楽しいものであることを願って。

猛暑の予感に胸が高鳴る初夏に　　著者

参考文献

＊一次文献

『アキテーヌ公ギヨーム九世――最古のトルバドゥールの人と作品』中内克昌、九州大学出版会、二〇〇九年。

『祈りと瞑想――カンタベリーのアンセルムス』古田暁訳、教文館、二〇〇七年。

ギヨーム・ド・ロリス、ジャン・ド・マン『薔薇物語』篠田勝英訳、平凡社、一九九六年。

『キリスト教神秘主義著作集　第二巻』金子晴勇訳、教文館　二〇〇五年。

グレゴリウス『トゥールのグレゴリウス　歴史十巻（フランク史）Ⅰ、Ⅱ』兼岩正夫、臺幸夫訳註、東海大学出版会、一九七五～一九七七年。

ゴットフリート修道士・テオーデリヒ修道士『聖女ヒルデガルトの生涯』久保博嗣訳、荒地出版社、一九九八年。

『詩人クリスティーヌ・ド・ピザン』沓掛良彦、横山安由美編訳、思潮社、二〇一八年。

「中世シトー会の修練者生活指導書――『修練者の鏡』試訳」馬場幸栄、『お茶の水史学』五二、二〇〇九年、七七～一三六頁。

『聖書　聖書協会共同訳』日本聖書協会、二〇一八年。

トゥールのグレゴリウス『新訂　フランク史――一〇巻の歴史』杉本正俊訳、新評論、二〇一九年。

プラトン『国家――政治と教育』山田潤二訳、明治図書出版、一九七六年。

『フランス中世文学集　一～四巻』新倉俊一、神沢栄三、天沢退二郎、白水社、一九九一～一九九六年。

プルタルコス『愛をめぐる対話――他三篇』柳沼重剛訳、岩波書店、一九八六年。

『聖ベネディクトの戒律』古田暁訳、すえもりブックス、二〇〇一年、ドン・ボスコ社、二〇〇六年。
ホメロス『イリアス（上下）』松平千秋訳、岩波書店、二〇〇四年。
ホメロス『オデュッセイア（上下）』松平千秋訳、岩波書店、二〇〇一年。
『マージェリー・ケンプの書――イギリス最古の自伝』石井美樹子、久木田直江訳、慶應義塾大学出版会、二〇〇九年。
ヤコブス・デ・ウォラギネ『黄金伝説1〜4』前田敬作、今村孝、山口裕、西井武、山中知子訳、平凡社、二〇〇六年。
『ローマ恋愛詩人集』中山恒夫編訳、アウロラ叢書、国文社、一九八五年。
Adalbéron de Laon, *Poème au roi Robert*, Cl. Carozzi（ed. et trans.）, Paris, Les Belles Lettres, 1979.
The Book of Margery Kempe, S. B. Meech & H. E. Allen（ed.）, London, the Oxford University Press, Early English Text Society, Original Series 212, 1940.
Caesarius von Heisterbach, *Dialogus miraculorum:Dialog über die Wunder*, Nösges, N. & Schneider, H.（trans.）, 5 vols., Turnhout, Brepols, 2009.
Christine de Pizan, *The Book of the City of Ladies*, London, Penguin, 1999.
Christine de Pisan, *Livre de la Cité des dames*, Bibliothèque nationale de France, Département des Manuscrits, Français 609, 1401-1500.
Christine de Pizan, *The Selected Writings of Christine de Pizan*, Blumenfeld-Kosinski, Renate & Brownlee, Kevin（trans.）, New York, W.W. Norton, 1997.
Etienne de Bourbon, *Anecdotes historiques*, A. Lecoy de la Marche（ed.）, Paris, Librairie Renouard, 1877.
Femmes troubadours de Dieu, G. Epiney-Burgard et E. Zum Brunn（ed.）, Paris, Brepols, 1996.

Gregorius Magnus, *Moralia in Iob*, M. Adriaen (ed.), *Corpus Christianorum. Series Latina*, 143, 143A and 143B, Turnhout, Brepols.

E. Hicks (ed.), *Le Débat sur le Roman de la Rose*, Paris, Champion, 1977.

Hildegard of Bingen, *Causae et curae*, P. Kaiser (ed.), Bibliotheca scriptorium Graecorum et Romanorum Teubneriana, Leipzig, B. G. Teubneri, 1903.

Hildegard of Bingen, *Symphonia: A Critical Edition of the Symphonia armonie celestium revelationum*, B. Newman (trans.), Ithaca, Cornell University Press, 1988.

Histoire de Guillaume le Maréchal, P. Meyer (ed.), Paris, Renouard, 3 vols., 1891-1901.

The Life of Christina of Markyate: a Twelfth Century Recluse, C. H. Talbot (ed. & trans.), Toronto, Buffalo, University of Toronto Press in association with the Medieval Academy of America, 1998.

Margaretae Porete Speculum simplicium animarum, P. Verdeyen & R. Guarnieri (ed.), *Corpus Christianorum, Continuatio Mediaevalis* LXIX, Turnhout, Brepols, 1986.

Marguerite Porete, *Le Miroir des simplesâmes anéanties*, C. Louis-Combet (trans.), Grenoble, Jérôme Millon, 1991.

Œuvres poétiques de Christine de Pisan publiées par Maurice Roy, Société des anciens textes français, 1886-1896, 3 t.

Pierre le Vénérable, *Liber de miraculis, Patrologiae cursus completus, Series latina* 189, Migne, 1844-64, col. 851-954.

Pierre le Vénérable, *Livre des merveilles de Dieu*, J.-P. Torrell et B. Denise (trans.), Paris, Éditions du Cerf, 1992.

La Règle de saint Benoît, texte latin selon le manuscrit S. Gall, H. Rochais（ed.）, Paris, Desclée De Brouwer, 1980.
Thomas de Cantimpré, *Bonum universale de apibus*, G. Colverinus（ed.）, Douai, B. Belleri, 1627.
Thomas de Cantimpré, *Les exemples du"Livre des abeilles":une vision médiévale*, H. Platelle（ed.）, Turnhout, Brepols, 1997.

＊二次文献

赤堀志子「『カンタベリー物語』における結婚（1）」昭和女子大学紀要『学苑』八四一号、二〇一〇年、一～九頁。

池上俊一『ヨーロッパ中世の宗教運動』名古屋大学出版会、二〇〇七年。

伊藤亜紀「青を着る「わたし」――「作家」クリスティーヌ・ド・ピザンの服飾による自己表現」『西洋中世研究』第二号、二〇一〇年、五〇～六一頁。

江川溫「ラン司教アダルベロンと『ロベール王に捧げる歌』――ヨーロッパ三職分論研究序説」『史林』六四巻四号、一九八一年、四六三～四九七頁。

國方敬司、直江眞一編『史料が語る中世ヨーロッパ』刀水書房、二〇〇四年。

後藤里菜『〈叫び〉の中世――キリスト教世界における救い・罪・霊性』名古屋大学出版会、二〇二一年。

後藤里菜「連載　神と「女性的なるもの」を辿って――西洋中世の女性神秘家たち」『福音と世界』六月号～五月号、全一二回、新教出版社、二〇二三～二〇二四年。

佐藤彰一『剣と清貧のヨーロッパ――中世の騎士修道会と托鉢修道会』中央公論新社、二〇一七年。

佐藤彰一『歴史書を読む――『歴史十書』のテクスト科学』山川出版社、二〇〇四年。

杉崎泰一郎『修道院の歴史――聖アントニオスからイエズス会まで』創元社、二〇一五年。

『中世の学問観（中世研究、第九号）』上智大学中世思想研究所編、創文社、一九九五年。

横山安由美「『薔薇物語』論争初期の争点とは――ジャン・ド・モントルイユ対クリスチーヌ・ド・ピザン」『立教大学フランス文学』五一号、二〇二二年、三～一七頁。

横山安由美「時は1429年、再び太陽は輝き始めて――クリスティーヌ・ド・ピザン『ジャンヌ・ダルク讃歌』の文学的意味」『仏語仏文学研究』五二号、二〇二〇年、一九～三八頁。

J・ルクレール『修道院文化入門――学問への愛と神への希求』神崎忠昭、矢内義顕訳、知泉書館、二〇〇四年。

渡邉浩司編『アーサー王伝説研究――中世から現代まで』中央大学出版部、二〇一九年。

歴史学研究会編『巡礼と民衆信仰』青木書店、一九九九年。
D. Alexandre-Bidon et C. Treffort (dir.), *A réveiller les morts, La mort au quotidien dans l' Occident médiéval*, Lyon, Presses universitaires de Lyon, 1993.
M. Th. D' Alverny, «comment les théologiens et les philosophes voient la femme», *Cahiers de civilisation médiévale* 20, 1977, pp. 105-29.
C. W. Atkinson, *Mystic and Pilgrim: The Book and the World of Margery Kempe*, Ithaca, New York, Cornell University Press, 1985.
N. Bériou, *L'Avènement des maîtres de la parole. La prédication à Paris au XIIIe siècle*, 2 vols, Paris, Institut d'Études Augustiniennes, 1998.
D. Boquet et P. Nagy, *Politiques des émotions au Moyen Âge*, Florence, SISMEL, 2010.
D. Boquet et P. Nagy, *Sensible Moyen Âge: une histoire des émotions dans l'Occident médiéval*, Paris,

Seuil, 2015.

C. W. Bynum, *Jesus as Mother: Studies in the Spirituality of the High Middle Ages*, Berkeley and Los Angeles, University of California Press, 1982.

C. W. Bynum, S. Harrell & P. Richman, *Gender and Religion: On the Complexty of Symbols*, Boston, Beacon Press, 1986.

S. Cassagnes-Brouquet, *Saints, reliques et miracles au Moyen Âge*, Paris, Ouest-France, 2021.

G. Duby, *Guillaume le Maréchal ou le Meilleur Chevalier du monde*, Paris, Fayard, 1984.

S. Fanous & H. Leyser (eds.), *Christina of Markyate: a Twelfth-Century Holy Woman*, London, New York, Routledge, 2005.

P. F. Gehl, "*Competens silentium*: Varieties of Monastic Silence in the Medieval West," Viator, 1987, pp. 125-160.

C. Lansing, *Passion and Order: Restraint of Grief in the Medieval Italian Communes*, Ithaca and London, Cornell University Press, 2008.

M. Lauwers, *La Mémoire des ancêtres. Le souci des morts*, Paris, Beauchesne, 1997.

L. K. Little, *Benedictine Maledictions: Liturgical Cursing in Romanesque France*, Ithaca and London, Cornell University Press, 1996.

R. A. O' Sullivan, *Model, Mirror and Memorial: Imitation of the Passion and the Annihilation of the Imagination in Angela da Foligno's Liber and Marguerite Porete's Mirouer des simples âmes*, Thesis (Ph. D), University of Chicago, 2002.

P. Verdeyen, «Le procès d' inquisition contre Marguerite Porete et Guiard de Cressonessart (1309-1310)», *Revue d' histoire ecclésiastique*, 81, 1986, pp. 47-94.

B. Newman, *From Virile Woman to WomanChrist*, Philadelphia, University of Pennsylvania Press, 1995.

M. R. Pfau, *Hildegard von Bingen's Symphonia armonie celestium revelationum: an Analysis of Musical Process, Modality, and Text-music Relations*, Thesis (Ph. D), State University of New York at Stony Book, 1990.

M.-A. Polo De Beaulieu, J. Berlioz et P. Collomb, *Le tonnerre des exemples: Exempla et médiation culturelle dans l' Occident médiéval*, Rennes, Presses universitaires de Rennes, 2010.

J. -C. Schmitt (dir.), *Prêcher d' exemples: récits de prédicateurs du Moyen Age*, Paris, Stock, 1985.

P. A. Sigal, L' *homme et le miracle dans la France médiévale* (*XI*^{e}-*XIII*^{e} *s.*), Paris, Le Cerf, 1985.

W. R. Terry & R. Stauffer (ed.), *A Companion to Marguerite Porete and the Mirror of Simple Souls*, Leiden, Brill, 2017.

A. Vauchez, *Les Hérétiques au Moyen Âge: Suppôts de Satan ou chrétiens dissidents?*, Paris, CNRS Editions, 2014.

図版出典

はじめに

0-1 La *Chronique* de Jean Chartier, Paris, BnF, ms. fr. 2691, fol. 95v.（フランス国立図書館蔵）

0-2 Le *Livre d' Heures de Marie de Bourgogne*, Vienne, Österreichische Nationalbibliothek, Bildarchiv, codex 1857, fol. 147.（オーストリア国立図書館蔵）

第一章

1-1 Milan, Biblioteca Ambrosiana, ms. E 24 inf. fol. 332r.（アンブロジアーナ図書館蔵）

1-2 ウィキメディア・コモンズ（サン・マルコ美術館蔵）

1-3 三田メディアセンター（慶應義塾図書館）蔵

1-4 ウィキメディア・コモンズ（ヴァテカン図書館蔵）

1-5 筆者撮影

第二章

2-1 S. Brouquet, *Saints, reliques et miracles au Moyen Âge*, Paris, Ouest-France, 2021, p.58.

2-2 Grégoire de Tours, *Historia Francorum*, Paris, BnF, ms. lat. 17655, fol. 79v.（フランス国立図書館蔵）

2-3 ウィキメディア・コモンズ（アムステルダム王宮蔵）

2-4 N. Caciola, *Discerning Spirits: Divine and Demonic Possession in the Middle Ages*, Ithaca and

London, Cornell University Press, 2003, p.38.

2－5 筆者撮影、クリュニー中世美術館蔵

2－6 ウィキメディア・コモンズ（ピアポント・モーガン図書館蔵）

第三章

3－1 ウィキメディア・コモンズ（『ニュルンベルク年代記』）

3－2 ウィキメディア・コモンズ（ベルリン旧博物館蔵）

3－3 *Grandes Croniques de France*, St. Petersburg, ms. Hermitage. fr. 88, fol. 154v.（ロシア国立図書館蔵）

3－4 ウィキメディア・コモンズ（絵画館（ベルリン）蔵）

第四章

4－1 クリュニー中世美術館蔵。カタログにも掲載あり。以下の同美術館の所蔵品も同様。*Le Moyen Âge mis en lumière. Parcours et collections du musée de Cluny*, Paris, Lienart éditions, 2022.

4－2 ウィキメディア・コモンズ（ボドリアン図書館蔵）

4－3 ウィキメディア・コモンズ（リール宮殿美術館蔵）

4－4 筆者撮影

4－5 筆者撮影

4－6 ウィキメディア・コモンズ（ルーヴル美術館蔵）

4－7 ウィキメディア・コモンズ（ボストン美術館蔵）

4-8 Valenciennes, Bibliothèque municipale, ms. 320, fol. 117r.（ヴァランシエンヌ市立図書館蔵）
4-9 ウィキメディア・コモンズ（『快楽の園』挿絵）。図の説明は以下。J. Walther, *Hortus deliciarum*, Strasbourg, 1952, pp. 69-70.

第五章

5-1 ウィキメディア・コモンズ（『スキヴィアス』ルペルツベルク写本）
5-2 *From Workshop to Warfare*（*Women in History*）, C. Adams et al., Cambridge, Cambridge University Press, 1983, p. 22, the British Library, ms. Eg. 1894, fol. 2v.（大英図書館蔵）
5-3 筆者撮影
5-4 ウィキメディア・コモンズ（聖オールバンズ詩編）
5-5 Minucchio da Siena, *Rose d'or*（クリュニー中世美術館蔵）

第六章

6-1 *From Workshop to Warfare*（*Women in History*）, C. Adams et al., Cambridge, Cambridge University Press, 1983, p.23, Victoria and Albert Museum, ms. lat. 475-1918, fol. 11r.（ヴィクトリア・アンド・アルバート博物館蔵）
6-2 *From Workshop to Warfare*（*Women in History*）, C. Adams et al., Cambridge, Cambridge University Press, 1983, p.26, the British Library, ms. Add. 24098, fol. 29v.（大英図書館蔵）
6-3 *Le Parisien, Vivre à Paris au Moyen Âge*, n. 22, p.76.（ブライデンセ国立図書館蔵）
6-4 *Le Parisien, Vivre à Paris au Moyen Âge*, n. 22, p.57.（ブライデンセ国立図書館蔵）

第七章

7―1　クリュニー中世美術館蔵

7―2　Paris, BnF, ms. fr. 118, fol. 219, v. 1404 et v. 1460.（フランス国立図書館蔵）

7―3　ウィキメディア・コモンズ（フリードリヒ・シラー大学イェーナ図書館蔵）

7―4　Harley ms. 4431, fol. 4r.（大英図書館蔵）

7―5　Harley ms. 4431, fol. 3r.（大英図書館蔵）

〈事物索引〉

あ行

か行

さ行

〈人物索引〉

あ行

か行

さ行

た行

は行

ま行

や行

ら行

ちくま新書
1805

沈黙《ちんもく》の中世史《ちゅうせいし》
——感情史《かんじょうし》から見《み》るヨーロッパ

二〇二四年七月一〇日　第一刷発行

著者　後藤里菜（ごとう・りな）

発行者　喜入冬子

発行所　株式会社 筑摩書房
東京都台東区蔵前二-五-三　郵便番号一一一-八七五五
電話番号〇三-五六八七-二六〇一（代表）

装幀者　間村俊一

印刷・製本　三松堂印刷 株式会社

ISBN978-4-480-07635-9 C0222

ちくま新書

1800
アッシリア　人類最古の帝国
山田重郎
アッシリアはいかにして西アジアを統一する世界最古の帝国となりえたか。都市国家アッシュルの誕生から、帝国の絶頂期、そして謎に満ちた滅亡までを一望する。

1795
パリ　華の都の物語
池上英洋
ルーヴル美術館、凱旋門、ステンドグラスの教会、王たちが眠る墓……街に刻まれている時間を歩こう！　カラー図版とともに読んで旅するパリの歴史と文化と美。

1771
古代中国王朝史の誕生
——歴史はどう記述されてきたか
佐藤信弥
文字、木簡などの記録メディア、年号などの興りとは。古代中国人の歴史記述への執念、歴史観の萌芽。それらが司馬遷『史記』へと結実する。歴史の誕生をたどる。

1744
病が分断するアメリカ
——公衆衛生と「自由」のジレンマ
平体由美
なぜアメリカは、コロナ禍で世界最悪の死者数となったのか？　20世紀初頭以来の公衆衛生史を繙きつつ、収入・居住地域・人種などで分断された現状を探る。

1707
反戦と西洋美術
岡田温司
戦争とその表象という古くて新しい議論。17世紀から現代に至る「反戦」のイメージを手がかりに、その倫理的、あるいは政治的な役割について捉え直す。

1694
ソ連核開発全史
市川浩
史上最大の水爆実験から最悪の原発事故、原発大国ウクライナの背景まで。危険や困惑を深めながら推し進められたソ連の原子力計画の実態に迫る、かつてない通史。

1692
ケルトの世界
——神話と歴史のあいだ
疋田隆康
日本でも人気の高いケルト文化。だが、その内実については激しい論争が展開されてきた。彼らは何者なのか？　神話と歴史学を交差させ、ケルト社会の実像に迫る。